Doris Willmer

Krisenprävention und Risikoanalyse für das Projektmanagement

Mit Krisen konstruktiv umgehen

Bibliografische Information der Deutschen Nationalbibliothek:

Die Deutsche Nationalbibliothek verzeichnet diese Publikation in der Deutschen Nationalbibliografie; detaillierte bibliografische Daten sind im Internet über http://dnb.d-nb.de abrufbar.

Impressum:

Copyright © Studylab 2019

Ein Imprint der Open Publishing GmbH, München

Druck und Bindung: Books on Demand GmbH, Norderstedt, Germany

Coverbild: Open Publishing GmbH | Freepik.com | Flaticon.com | ei8htz

Danksagung

Mein aufrichtiger Dank für die Unterstützung bei der Fertigstellung dieser Arbeit gilt den Mitgliedern des Projektkonsortiums Hamburg für die Genehmigung, Teilziele aus dem Projekt mySMARTLife als Beispiel und Ausgangspunkt für die Forschungsfragen zu nutzen. Bedanken möchte ich mich ebenfalls bei meinen InterviewpartnerInnen für die Zeit, die sie trotz der aktuellen Berichtsphase im Projekt für die Gespräche zur Verfügung standen und für die Offenheit und Aufrichtigkeit ihrer Antworten, die die Erkenntnisse dieser Arbeit erst ermöglichten.

Bedanken möchte ich mich außerdem bei meinem Mann für seine Geduld und seine nicht nachlassenden Ermunterungen in der Zeit meines Studiums.

Abstract

Bei der Arbeit in Projekten kommt es häufig zu unerwarteten Ereignissen, die den Projektverlauf negativ beeinflussen oder verzögern. Dabei gilt: Je komplexer das Projekt, umso vielfältiger die möglichen Risiken für den Projekterfolg. Am Beispiel des EU-Förderprojektes „mySmartLife" wird in dieser Arbeit untersucht, wie sich Krisen im Projektverlauf darstellen, wie mit ihnen konstruktiv umgegangen werden kann und wie sie durch entsprechendes Projektmanagement vermieden werden können. Die Untersuchung stützt sich auf erprobte Ansätze im Projektmanagement sowie auf eine Qualitative Inhaltsanalyse von fünf leitfadengestützten Interviews mit Experten aus dem Projekt „mySmartLife". Als zentrale Mechanismen zur Vermeidung und zum konstruktiven Umgang mit Krisen im Projektmanagement werden von den Experten die Durchführung einer systematischen Risikoanalyse sowie die konstruktive, wertschätzende und transparente Zusammenarbeit innerhalb eines Projektes angeführt. In der Praxis wird jedoch gerade die Risikoanalyse als ein Instrument guten Projektmanagements in der Projektplanung häufig nicht oder nur unvollständig durchgeführt. In der Arbeit wird diskutiert, welche Konsequenzen sich aus diesem Befund für zukünftige Projekte ergeben und wie Risikoanalysen gelingend in die Projektplanung integriert werden können.

When working in projects, unexpected events often occur that adversely affect or delay the course of the project. The more complex the project, the more diverse the potential risks for the project's success. Using the example of the EU funded project "mySmartLife", this paper examines how crises pose in the project progression, how they could be handled constructively and how they could be avoided through appropriate project management. The research is based on valid methods in project management as well as a qualitative content analysis of five interviews with experts from the project "mySmartLife". As central mechanisms for the avoidance and constructive handling of crises in project management, the experts cite the implementation of a systematic risk analysis as well as the constructive, appreciative and transparent cooperation within a project. Nevertheless, in practice it is precisely the risk analysis as an instrument of good project management that is often not carried out in project planning or is only incomplete. The paper discusses the consequences of this finding for future projects and how risk analyses can be successfully integrated into project planning.

Inhalt

Danksagung III

Abstract IV

Abkürzungsverzeichnis VII

Abbildungsnachweis VIII

Einleitung 1

Aufbau der Arbeit 2

1 Theoretischer Hintergrund und Rahmen 4

    1.1 EU-Förderungsprogramm Horizon 2020: 4

    1.2 Organisation und Aufgaben des Projektmanagement 7

    1.3 Methoden des Projektmanagements 10

2 Methoden und Analysen - Empirischer Teil 18

    2.1 Herleitung der Forschungsfragen aus den bisherigen Analysen 19

    2.2 Ziele und Qualitätskriterien qualitativer Forschungsvorhaben 20

    2.3 Problemzentrierte, leitfadengestützte Experteninterviews 22

    2.4 Darstellung des Interviewleitfadens 24

    2.5 Beschreibung der Stichprobe und der Erhebungssituation 26

    2.6 Datenanalyse 28

3 Ergebnisdarstellung 33

    3.1 Hauptkategorie 1: Allgemein – Aussagen zum Gesamtprojekt 33

    3.2 Hauptkategorie 2: Projektvorbereitung 37

    3.3 Hauptkategorie 3: Moment der Krise 41

    3.4 Hauptkategorie 4: Fortführung des Projektes 42

    3.5 Hauptkategorie 5: Resümee der InterviewpartnerInnen 44

4 Ergebnisdiskussion und Ableitung von Schlussfolgerungen für zukünftige Projekte **46**

    4.1 In der Projektvorbereitung 46

    4.2 Im Projektverlauf 48

5 Rückblick und Ausblick **50**

    5.1 Rückblick 50

    5.2 Ausblick 52

Anhänge – Zusatzinformationen, Grafiken und Tabellen **53**

Literaturverzeichnis **66**

Abkürzungsverzeichnis

COP21	Conference of the Parties, Twenty-first session, Paris, 30 November to 11 December 2015
EC	Europäische Kommission (European Commission)
et al.	et altera → und weitere
EU	Europäische Union (European Union)
GA	Grant Agreement (Fördervertrag mit der EC)
H2020	EU-Förderprogramm Horizon 2020
ICT	information and communications technology → deutsch: Informations- und Kommunikationstechnologie (IKT)
msl	mySMARTLife
NKS Energie	Nationale Kontaktstelle Energie des Bundesministeriums für Wirtschaft und Energie
PMBOK	Project Management Body of Knowledge
PMI	Project Management Institute
PSP	Projektstrukturplan

Abbildungsnachweis

Abb. 0. 1 Aufbau der vorliegenden Arbeit 3
Abb. 1. 1 Aufbau von Kapitel 1 – Theoretischer Hintergrund und Rahmen 4
Abb. 1. 2 „Innovation Challenges" 5
Abb. 1. 3 Entwicklung der Marktreife von Ideen 6
Abb. 1. 4 Acht Schritte des Projektmanagements 8
Abb. 1. 5 Phasen und Meilensteine von IT-Projekten im Wasserfallmodell 9
Abb. 1. 6 Ergebnisbericht zur Planungsverhalten im Projektmanagement 9
Abb. 1. 7 Merkmale für Erfolg und Scheitern 10
Abb. 1. 8 PEST-Analyse 11
Abb. 1. 9 Bruttoinlandsprodukt 12
Abb. 1. 10 Stakeholder-Analyse 13
Abb. 1. 11 SWOT-Analyse 15
Abb. 1. 12 Skizzierung des Projektprozesses am Beispiel von Aktion 13 16
Abb. 2. 1 Aufbau von Kapitel 2 18
Abb. 2. 2 Prozess zur Durchführung eines Experteninterviews 20
Abb. 2. 3 Interviewleitfaden 25
Abb. 2. 4 Überleitung und Zusammenhang der Interviews 27
Abb. 2. 5 Anonymisierte Aufstellung der Expertinnen und Experten 28
Abb. 2. 6 Ablaufschema einer inhaltlich strukturierenden Inhaltsanalyse 29
Abb. 2. 7 Ausschnitt der Mastertabelle für die Inhaltsanalyse 31
Abb. 3. 1 Aufbau der Ergebnisdarstellung aus den Interviews 34
Abb. 3. 2 Score Smileys 35
Abb. 4. 1 Aufbau Kapitel 4 - Ergebnisdiskussion 46
Abb. 5. 1 Aufbau Kapitel 5 – Rückblick und Ausblick 50

Einleitung

Unsere Gesellschaft steht aktuell vor großen Herausforderungen u.a. im Klimaschutz (z. B. Klein, Mann/Toles, 2018. Weltklimarat[1]), durch Urbanisierung, und dem zunehmenden Verkehr, der Umwelt und Gesundheit schädigt[2]. Diese Herausforderungen lassen sich nicht mit Routine lösen. Dazu bedarf es vielmehr innovativer Projekte, die nachhaltige Veränderungen einleiten.

Das Projektmanagement ist dabei besonders gefordert. Zu den Herausforderungen und Unsicherheiten, mit denen Projekte grundsätzliche behaftet sind, zieht der hohe Innovationsgrad dieser forschungsnahen Projekte ein erhöhtes Risiko für Scheitern nach sich: Die eingesetzte Technik ist oft nur als Prototyp vorhanden und nicht alltagserprobt, die Akzeptanz bei den Betroffenen ist unsicher, die Investitionskosten sind hoch und liegen oft ein mehrfaches über den eingeführten Standardlösungen – ohne Erfolgsgarantie.

Ziel dieser praxisorientierten Arbeit ist herauszufinden, wie das Projektmanagement in derartigen Projekten Krisen möglichst vermeiden und im Krisenfall konstruktiv mit der Situation umgehen kann. Als Beispiel werden Krisen in Teilzielen des EU-Projektes mySmartLife (msl)[3] aus dem Förderprogramm Horizon 2020[4] untersucht. 90 Prozent der Hamburger msl-Aktionen[5] werden nach aktuellem Stand termingerecht umgesetzt, ein weiterer Teil mit geringer Verspätung oder Veränderung. Doch einzelne hochinnovative Ziele scheitern. Diese werde ich mit Experteninterviews untersuchen und Konsequenzen für das Projektmanagement auch über das Projekt hinaus ableiten.

---

[1] https://www.de-ipcc.de/128.php - Zugriff 9.10.2018
[2] https://www.klimazeichen-bergedorf.de/herzlich-willkommen/klimaschutz-in-bergedorf/ - Zugriff 26.8.2018
[3] https://www.mysmartlife.eu/mysmartlife/ Zugriff 10.6.2018
[4] https://ec.europa.eu/programmes/horizon2020/en/what-horizon-2020, Zugriff 28.7.2018.
[5] Das Projekt ist in Ziele und Teilziele gegliedert, die jeweils einer Aktion (engl. Action) zugeordnet sind.

Aufbau der Arbeit

Im ersten Kapitel wird der Rahmen forschungsnaher EU-Projekte sowie das Beispielprojekt mySMARTLife beschrieben, der theoretische Hinter-grund des Projektmanagements beleuchtet und die wesentlichen Analysen des Projektmanagements für ausgewählte Aktionen von mySMARTLife durchgeführt.

Im zweiten Kapitel, dem empirischen Teil, werden darauf aufbauend die Forschungsfragen ausdifferenziert und anschließend mit qualitativen Experteninterviews untersucht.

Im dritten Kapitel werden die Interviews ausgewertet und die Ergebnisse der Befragungen im Kategoriensystem dargestellt.

Das vierte Kapitel fasst die Analysen aus dem Projektmanagement und die Ergebnisse der Interviews zu einem Resümee zusammen und diskutiert die Schlussfolgerungen für das Beispielprojekt sowie für künftige Projekte.

Das fünfte Kapitel greift in einem Rückblick die Methode und wesentliche Ergebnisse in einer Diskussion auf und regt zu weiterer Forschung an.

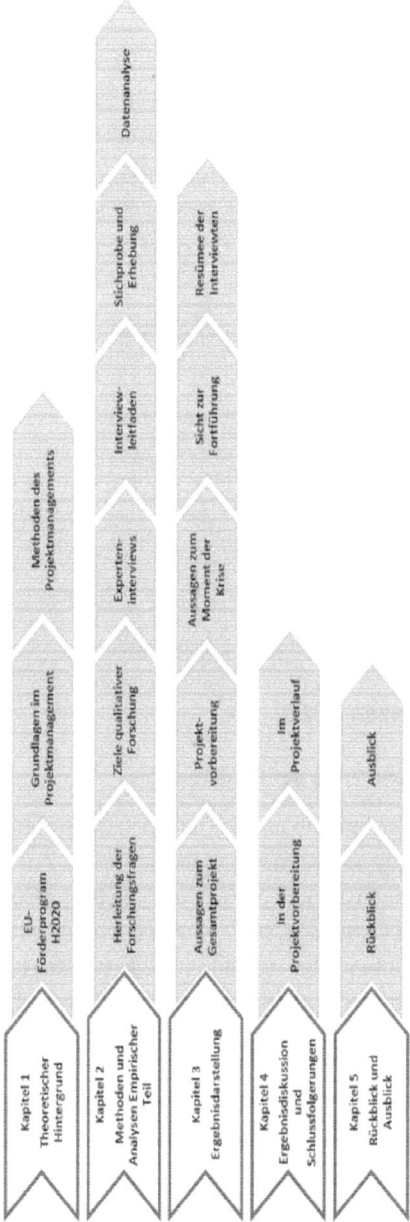

Abb. 0. 1 Aufbau der vorliegenden Arbeit

1 Theoretischer Hintergrund und Rahmen

Hier werden zunächst der organisatorische Hintergrund und der äußere Rahmen, sowie die grundlegenden Ziele erklärt, die ein Projekt aus dem EU-Förderprogramm Horizon 2020 (H2020) flankieren. Der zweite Abschnitt dieses Kapitels beschreibt Aspekte aus der Organisation des Projektmanagements und leitet im dritten Abschnitt über auf Analysen aus dem Projektmanagement, durchgeführt an einzelnen Aktionen von msl.

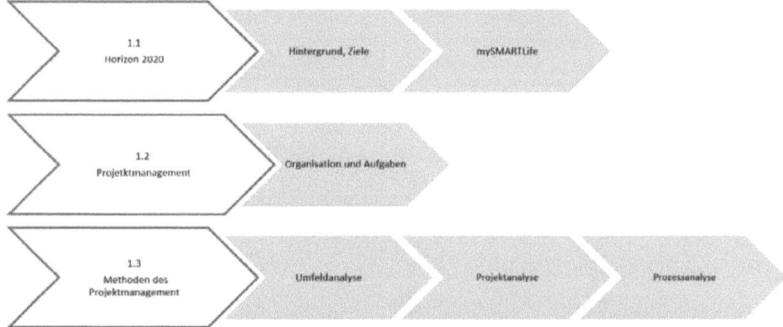

Abb. 1.1 Aufbau von Kapitel 1 – Theoretischer Hintergrund und Rahmen

1.1 EU-Förderungsprogramm Horizon 2020:

1.1.1 Hintergrund, Voraussetzungen und Ziele der Förderung

Im November 2015 verabschiedeten 23 Staaten und die Europäische Union (EU) in Paris ein Arbeitspaket zur Bekämpfung des Klimawandels. In diesem Zusammenhang wurden sieben Aufgaben zum Klimaschutz definiert und die Projektleitungen sowie Mitglieder der Arbeitsgruppen festgelegt. 2017 wurde der achte Arbeitsbereich „Wasserstoff" ergänzt. Die EU übernahm für mehrere Arbeitsbereiche die Führung (Abb. 1.2).

Innovation Challenges: Leads and Participants

		Australia	Austria	Brazil	Canada	Chile	China	Denmark	EC	Finland	France	Germany	India	Indonesia	Italy	Japan	Mexico	Norway	Republic of Korea	Saudi Arabia	Sweden	The Netherlands	UAE	UK	USA
1	Smart Grids Innovation Challenge	○	○	○	○		●		○		○	○	●		○	○		○	○	○	○	○	○	○	○
2	Off Grid Access to Electricity Innovation Challenge	○			○	○			○		○	●		●			○		○				○	○	○
3	Carbon Capture Innovation Challenge	○			○		○		○		○	○			○	○	○	●	○	●	○	○	○	●	○
4	Sustainable Biofuels Innovation Challenge	○		●	●		●		○		○	○	●	○	○		○		○		○	○		○	○
5	Converting Sunlight Innovation Challenge	○		○	○	○	○	●	○		○	●	○	○					○		○	○		○	○
6	Clean Energy Materials Innovation Challenge	○		●	○		○		○		○	○	○		○		○		●		○			○	○
7	Affordable Heating and Cooling of Buildings Innovation Challenge	○	○		○		○		●		○	○			●				○		○		●	○	○
8	Hydrogen Innovation Challenge	●	○				●		○		●	○			○				○			○		○	○

● Lead   ○ Participant

Abb. 1. 2 „Innovation Challenges"
Definierte Aufgabenfelder und vereinbarte Verantwortlichkeiten im Nachgang der Klimakonferenz von Paris 2015, Quelle: Offizielle Seite der Innovations-Mission http://mission-innovation.net/our-work/innovation-challenges/, Zugriff

In diesem Zusammenhang[6] stehen auch die Projekte des von der Europäischen Kommission aufgelegten H2020-Programmes, das den Übergang von Lösungen und Technologien aus der Forschung in den Alltag fördert. Mit H2020 sollen erstklassige Forschung, Wachstum, die Schaffung von Arbeitsplätzen und die Wettbewerbsfähigkeit der Wirtschaft unterstützt werden[7]. Der Schwerpunkt gilt den aktuellen gesellschaftlichen Herausforderungen.

Das Förderrahmenprogramm orientiert sich an der Marktreife von Innovationen (Abb. 1.3, Technology Readiness Level = TLR). Der Status der Innovationen von mySMARTLife liegt zwischen Level 6 und Level 8.

Die Fördermittel werden in einem Bewerbungsverfahren ausgeschrieben. Der online eingereichte Antrag zur Bewerbung wird innerhalb von fünf Monaten begutachtet und bewertet. Bei positivem Bescheid werden innerhalb drei weiterer Monate die Verträge (Grant Agreement = GA) anhand des Antrages ausgearbeitet. Verhandlungen zwischen EC und Antragsteller finden nicht statt. H2020 ist das bislang

---

[6] Verabschiedung COP21, Paris https://unfccc.int/resource/docs/2015/cop21/eng/l09r01.pdf - Zugriff 1.8.2018
[7] https://ec.europa.eu/programmes/horizon2020/en/what-horizon-2020 - Zugriff 28.7.2018

größte Forschungs- und Innovationsprogramm der EU mit einem Volumen von fast 80 Milliarden Euro über 7 Jahre.

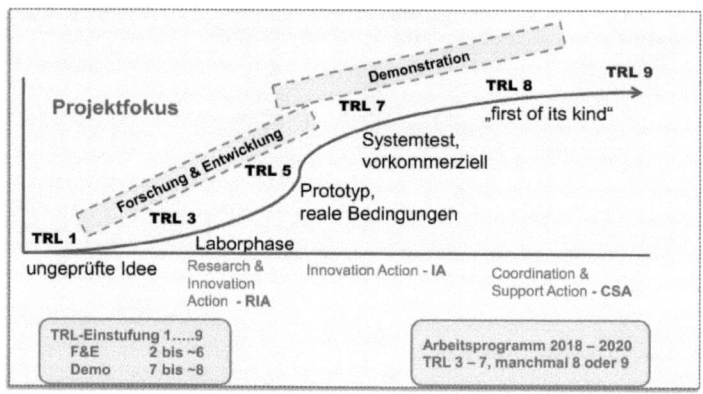

Abb. 1. 3 Entwicklung der Marktreife von Ideen
Quelle: Schulungsunterlagen der NKS Energie des Bundesministeriums für Wirtschaft, April 2018

1.1.2 Das Projekt „mySmartLife"

Am Beispiel-Projekt mySmartLife sind die Städte Helsinki, Hamburg und Nantes als Leuchttürme (Lighthouse-Cities) und kleinere Städte als Follower beteiligt. Das Konsortium besteht aus 28 Partnern aus sieben Ländern; Projektstart war im Dezember 2016, Laufzeit 60 Monate. Im Fokus von msl steht die Weiterentwicklung von Metropol-Städten zu attraktiven und ökologisch nachhaltigen Lebensräumen. Das ganzheitliche Konzept umfasst die Aspekte Wohnen und Arbeiten, Energie, Mobilität und intelligente Netzwerke im urbanen Bereich. Die Beteiligung der BürgerInnen ist vom Programm gefordert.

Der Grant Agreement, der Vertrag zwischen der EC und dem Konsortium aus 28 Partnern des gesamten Projektes mySMARTLife umfasst mehr als 500 Seiten und ein Volumen von 21 Mio. Euro. Hamburg ist für die Umsetzung von 59 Aktionen des Gesamtprojektes verantwortlich (Auszug s. Anhang B). Insbesondere die Aktionen 5 und 13 aus dem Teilgebiet Energie stehen im Fokus dieser Arbeit.

1.2 Organisation und Aufgaben des Projektmanagement

Mayer definiert Projektmanagement *„als Konzept für die Leitung eines einmaligen, komplexen Vorhabens..."* (Mayer, 2015, S. 9). Dabei beginnen die Aufgaben des Projektmanagements gemäß Mayer mit der Definition des Projektzieles und der Projektplanung inkl. der Entscheidung über alternative Projektpläne. Im Projektverlauf nennt er Steuerung, Kontrolle und Kommunikation als wesentliche Funktionen[8].

Hillberg beschreibt die Anforderungen zur Vorbereitung eines Projektes in acht Schritten (Hillberg, 2017, S. 39ff). Den **ersten** und zentralen Schritt bildet der Projektantrag, eine dokumentierte Beschreibung des Projektes mit der Ausarbeitung der Ziele. Der Projektantrag stellt das zentrale Element dar und enthält die Schritte zwei bis acht (Abb. 1.4).

Schritt **zwei** ist ein erster Entwurf der Projektstruktur z. B. in Form einer MindMap, zu Schritt **drei** zählt die detaillierte Zielplanung und -beschreibung mit den SMART-Kriterien (s. Anhang A). Als **vierter** Schritt folgt die Erstellung eines Projektstrukturplans. Die Termin- und Kostenplanung werden in den Schritten **fünf** und **sechs** erarbeitet. In Schritt **sieben** ist die Projektorganisation festzulegen. Neben dem Projektleiter und dem Auftraggeber sind der Lenkungsausschuss, das Kernteam und die Unterstützer zu benennen und zu informieren. Des Weiteren sind an dieser Stelle die Beteiligten (sog. Stakeholder), d.h. alle, die von dem Projekt betroffen sind, zu beschreiben und ihre Haltung zu dem Projekt zu prognostizieren.

---

[8] Prof. Thomas Mayer, 2015, Studienheft Projektmanagement – Methoden und Tools

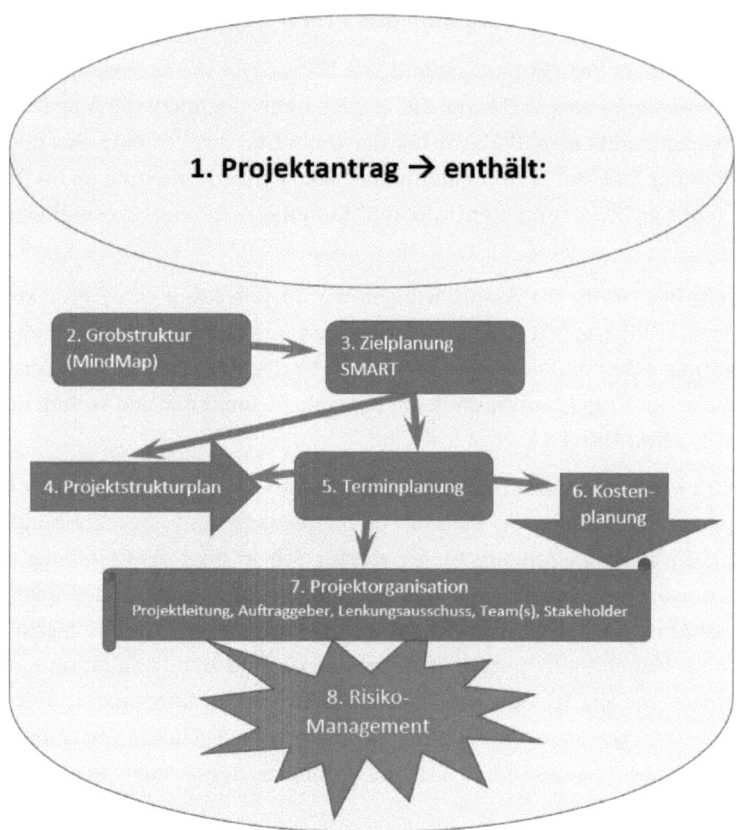

Abb. 1. 4 Acht Schritte des Projektmanagements
eigene Darstellung nach Hillberg, 2017, S. 41

Der **achte** Schritt ist das häufig vernachlässigte Risikomanagement, aufbauend auf zwei Fragen:

1. „Wie hoch wird der potenzielle Schaden eingeschätzt, den das Risiko verursachen würde?
2. Wie wird die Auftretens-, bzw. Eintrittswahrscheinlichkeit für das entsprechende Risiko eingeschätzt?" (Hillberg, 2018, S. 93)

Bei anderen Autoren besteht keine Eindeutigkeit für den richtigen Zeitpunkt der Risikoanalyse. So verortet Freitag die Risikoanalyse erst im Konzept (Freitag, 2016, S. 160) und damit nach dem Nachweis der Machbarkeit (Abb. 1.5), aber – etwas unklar – „*...bevor ein Auftraggeber die Entscheidung für ein Projekt fällt*" (Freitag, 2016, S. 331).

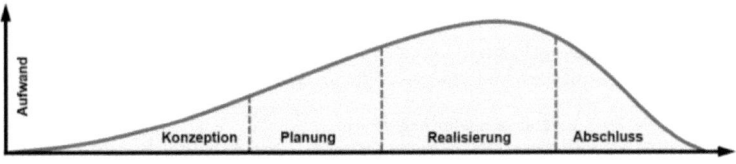

Abbildung 18 Phasenmodell des Projektablaufs (nach Fiedler 2008; 104)

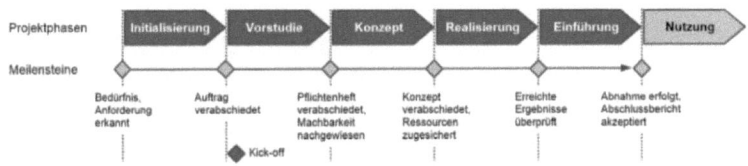

Abb. 1. 5 Phasen und Meilensteine von IT-Projekten im Wasserfallmodell
(nach Kuster et al. 2011; Innenseite Einband) – Quelle: Freitag, 2016, S. 158

Eine Studie der Universität Hohenheim zum Planungsverhalten im Projektmanagement (Büttgen, 2013, Abb. 1.6) benennt die geschätzten Risiken gar als einzigen Faktor für eine realere Erfolgserwartung von Projektmanagern.

■ **Ergebnisse**

1. Projektmanager sind sich ihrer eigenen Schätzung häufig zu sicher (Overconfidence). Das vorgegebene Sicherheitsniveau von 80% wurde bei Zwei-Punkt-Schätzungen nicht erreicht. Die physisch festgestellten Werte befanden sich nur in 26,5% der Fälle innerhalb des geschätzten Intervalls. Dies zeigt wie sehr Projektmanager ihre eigene Schätzsicherheit überschätzen.

2. Eine erhöhte Overconfidence verringert das Risikobewusstsein, was zu einer unvorsichtigeren Bewertung von Risikowahrscheinlichkeiten und Risikoeinflüssen führt. Overconfidence in Form einer überzogenen Selbstsicherheit bei eigenen Schätzungen führt somit zu einer positiveren Bewertung der Erfolgsaussichten von Projekten.

3. Nur die geschätzten Risikowahrscheinlichkeiten haben Einfluss auf die Erfolgserwartung des Projektmanagers. Wie schwerwiegend hingegen der Schaden im Falle des Risikoeintritts tatsächlich ist, hat bemerkenswerterweise keinerlei Einfluss auf die subjektive Beurteilung der Erfolgsaussichten durch den Projektmanager. Dies zeigt die Notwendigkeit einer methodischen Einbindung der Risikoanalyse bei der Durchführungsentscheidung von Projekten, sowie bei der Weiterführungsentscheidung von strauchelnden Projekten.

Abb. 1. 6 Ergebnisbericht zur Planungsverhalten im Projektmanagement
Quelle: https://www.gpm-ipma.de/fileadmin/user_upload/GPM/Know-How/Ergebnisbericht_Studie_Planungsverhalten.pdf - Zugriff 1.10.2018

Engel et. al (2008) haben in einer Studie über Projekte bei 79 Unternehmen untersucht, welche internen Projektmerkmale Erfolg bzw. Misserfolg fördern (Abb. 1.7) aber keine Verbindung zu Risikoanalysen und Risikomanagement hergestellt.

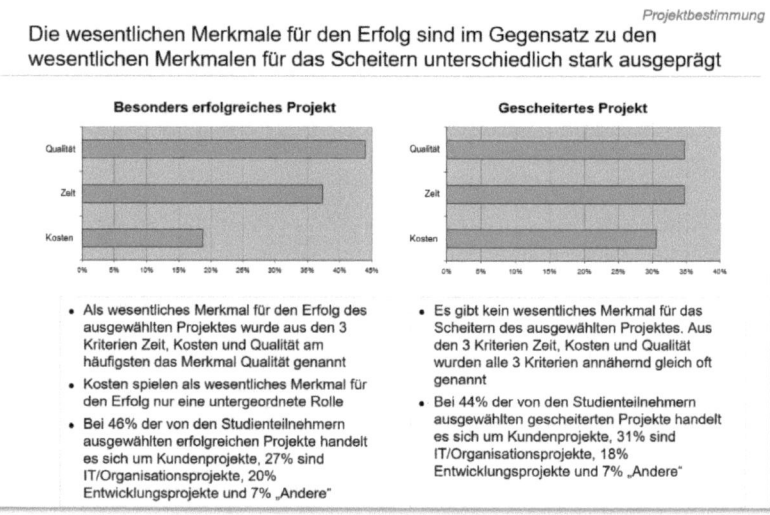

Abb. 1. 7 Merkmale für Erfolg und Scheitern
Quelle: https://www.gpm-ipma.de/fileadmin/user_upload/GPM/Know-How/Ergebnisse_Erfolg_und_Scheitern-Studie_2008.pdf - Zugriff 4.10.2018

Während des Projektprozesses liegt die Verantwortung für die Steuerung, Kontrolle und Kommunikation beim Projektmanagement. Bei Planabweichungen sind der Auftraggeber und der Lenkungsausschuss zu informieren. Die Projektleitung hat in diesem Fall die Aufgabe, die Abweichungen zu analysieren und Korrekturmaßnahmen einzuleiten (Mayer, 2015).

1.3 Methoden des Projektmanagements

Im Projektmanagement sind zahlreiche Aspekte unterschiedlicher Natur in Planung und Steuerung zu berücksichtigen, die entweder innerhalb des Projektes liegen (z.B. Kosten, Termine) oder das Projekt von außen beeinflussen (z.B. Gesetze). Ausgewählte problematische Teilziele von mySMARTLife werden in dieser Arbeit anhand von drei Methoden analysiert:

- Eine Umfeldanalyse untersucht, in welchem gesellschaftlichen, politischen, rechtlichen und sozialen Umfeld der Projektteil von mySMARTLife in Hamburg umgesetzt wird.
- Eine Projektanalyse befasst sich mit Eckdaten, Chancen und Risiken für msl.
- Eine Prozessanalyse beleuchtet den Ablauf von der Initialisierung des Projektes bis zum Abschluss bzw. aktuellen Stand.

1.3.1 Umfeldanalyse

Ziel von mySMARTLife ist die Integration von technischen Innovationen im öffentlichen Raum. Aus diesem Grund empfiehlt es sich, das Umfeld zu analysieren: die PEST-Analyse hinterfragt unterschiedliche Aspekte der Umwelt (Abb. 1.8). Sie wird u.a. zur Erkundung eines neuen Marktes für Produkte eingesetzt.

PEST-Analyse

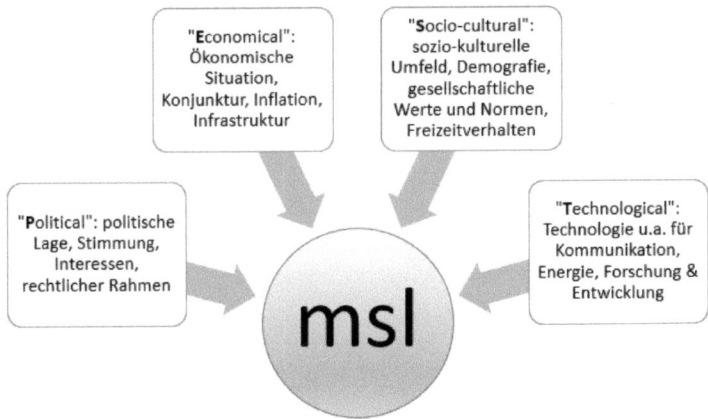

Abb. 1. 8 PEST-Analyse
Eigene Darstellung nach Ears, Ernst & Prexl 2011, S. 8

Politisch ist msl im Dreieck zwischen den Zielen des Umwelt- und Klimaschutzes, der Wirtschaftspolitik und der Wohnungsbaupolitik zu verorten. Dabei erschweren sich sporadisch verschiebende Prioritäten durch gegenläufige Interessen insbesondere zwischen Klima- und Wirtschaftspolitik eine langfristige Planung. Ein

Beispiel sind die Reformen des Erneuerbare-Energien-Gesetzes (EEG)[9], das im Jahr 2000 den Grundstein für den Ausbau erneuerbarer Energien in der Breite legte. In den erfolgten Reformen wurden jedoch spätestens seit 2017 zunehmend Hürden für einen schnellen Ausbau alternativer Energiekonzepte eingebaut, von denen besonders die Energieproduktion in Bürgerhand benachteiligt wird.

Aus **ökonomischer** Sicht ist jetzt der richtige Zeitpunkt für innovative Investitionen. Deutschlands Konjunktur ist stark, das Bruttoinlandsprodukt (BIP) steigt seit Jahren (Abb. 1.9). Die politisch beschlossene Weiterentwicklung des Klimaschutzes fördert eine nachhaltige wirtschaftliche Entwicklung durch technischen Fortschritt, durch Sicherung des Energiebedarfs mit Effizienzmaßnahmen und durch den Umstieg auf regenerative Energien. Schwierig ist eine entsprechende Entwicklung im Wohnungsbau. Als Investoren treten verstärkt rein profitorientierte Immobilienfonds auf, deren Priorität beim Shareholder-Value und damit bei gut vermarktbaren Immobilien liegt. Innovative Haustechnik wird eher als Vermarktungshindernis eingestuft.

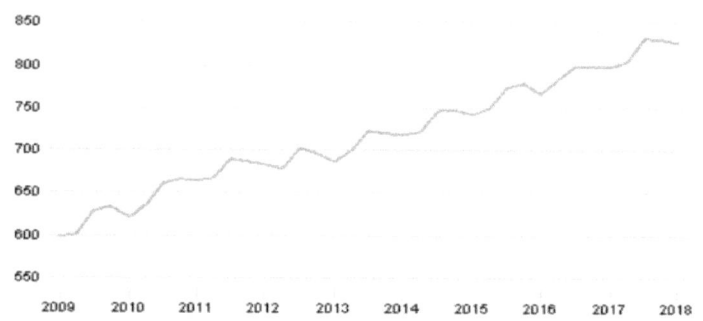

Abb. 1.9 Bruttoinlandsprodukt
Quelle: Statistisches Bundesamt - https://www.destatis.de/DE/ZahlenFakten/Indikatoren/Konjunkturindikatoren/Konjunkturindikatoren.html, Zugriff 19.8.2018

Sozio-kulturell: Die Gesellschaftsstruktur im Projektgebiet Hamburg- Bergedorf ist sehr gemischt. Neben einem hohen Anteil von Menschen mit Migrationshintergrund leben im Umfeld junge Familien, Singles und ältere Menschen. Hamburg ist

---

[9] Bundesministerium für Wirtschaft, 2017

attraktiv und kann eine wachsende Einwohnerzahl vermelden. Die Hochschulen der Hansestadt ziehen hauptsächlich junge Menschen an, die ihr Leben mit moderner Kommunikationstechnik organisieren und mit „smarten" Lösungen umgehen können (Demografie-Konzept Hamburg 2030).

Die **technische** Entwicklung des Projektumfeldes bietet sehr gute Voraussetzungen für einen erfolgreichen Projektverlauf u.a. durch die Nähe zum Energiecampus der Hochschule für angewandte Wissenschaften HAW, die ebenfalls Mitglied des Projektkonsortiums ist. Die nötige Infrastruktur ist vorhanden.

Stakeholder-Analyse

Stakeholder sind alle Personen oder Personengruppen mit einem berechtigten Interesse am Projekt und dessen Ergebnis, die Einfluss nehmen (können) oder in irgendeiner Weise vom Projekt betroffen sind.

mySMARTLife bewegt sich in einem Spannungsfeld, in dem die Entwicklungsingenieure und Menschen, die von der Sache begeistert sind, mit innovativen Ideen und Prototypen aus der Forschung auf „die Märkte" treffen – u. a. Kapitalanlage-Unternehmen und Investoren, bei denen das Profitstreben (Shareholder-Value) im Vordergrund steht. Dazu kommen die berechtigten Interessen der BürgerInnen, die im Projektkiez wohnen. Sie alle sind Stakeholder und haben z. T. wesentlichen Einfluss auf das Gelingen. Abb. 1.10 zeigt eine Übersicht der wichtigsten Stakeholder für msl-Hamburg.

Art	Name	Einfluss	Interesse	Typ	Einflussart	Nutzen / Befürchtungen des Stakeholders u.a.
Geldgeber	Europ.Union	9	10	Champion or Terminator	Genehmiger	Beitrag zum Klimaschutz / Befürchtung: (teilweises) Scheitern
Team	Energienetz	5	9	Follower or Timewaster	Anwender	Fördergeld, Referenz, Erfahrung
Team	Bergedorf	8	9	Champion or Terminator	Anwender	Stadtteilentwicklung, Erfüllung von Umweltschutzzielen
Team	HAW	7	9	Champion or Terminator	Anwender	Fördergeld, Erfahrung, Forschung und Entwicklung
Team	CARTIF	8	6	Champion or Terminator	Bewerter	Fördergelder / neg. Konsequenzen bei Scheitern
Team	xxx	5	5	Nuisance or Silencer	Anwender	Fördergelder, Marketing / Kosten > Zuschuss
Team		7	7	Champion or Terminator	Anwender	Fördergelder, Entwicklung der Infrastruktur
Bauherren	xyz	9	1	Terrorist or Coach	Anwender	- / wirtschaftlicher Verlust
Anwohner	A...	2	2	Nuisance or Silencer	Anwender	Moderne Wohnung / Veränderung, hohe Miete
Anwohner	B	2	6	Follower or Timewaster	Anwender	Smarte Struktur, Klimaschutz
Lieferanten	xyz	4	7	Follower or Timewaster	Anwender	Umsatz / Verlust

Abb. 1. 10 Stakeholder-Analyse
Eigene Darstellung, Vorlage Nägele Consulting unter http://www.naegele-consulting.de/bibliothek/tools.html - Zugriff 19.8.2018

Die Übersicht zeigt deutlich, dass die meisten Stakeholder mit hohem Einfluss gleichzeitig ein großes Interesse am Erfolg des Projektes haben. Doch sticht ein Risikofaktor ins Auge. Bei den Bauherren stehen das Interesse am Projekterfolg und ihr Einfluss diametral gegenüber. Ihr Ziel ist, die Neubauten zu errichten und gewinnbringend zu vermarkten. Dabei steht ihnen frei, innovative Energietechnik einzubauen oder Standardtechnik zu verwenden.

1.3.2 Projektanalyse

Im Rahmen dieses Abschnitts werden die Eckpfosten von mySMARTLife Hamburg hinterfragt. Beispielhaft für die 59 Aktionen (Teilziele) stehen zwei Krisenaktion im Fokus: Aktion 13 District Heating and Cooling wird nicht umgesetzt, Aktion 5 PV on Roof wird in anderer Form umgesetzt.

Welche Ziele hat mySMARTLife?

Wie im Abschnitt 1.2 beschrieben, sollen die H2020-Projekte u.a. innovative Technologien zur Reduzierung der Treibhausgase aus der Forschung in den Alltag übertragen. Bei Aktion 13 z.B. sollte das Neubauquartier über ein Niedrig-Temperaturnetz in Kombination mit einem Eisspeicher und durch Kopplung mit Photovoltaikanlagen verbrennungsfrei mit Wärme und Kälte versorgt werden. Aktion 5 soll Mieter mit Solarstrom vom „eigenen" Dach versorgen und dabei 20 % des Strombedarfs decken.

Das Projekt wurde im Dezember 2016 begonnen und läuft bis 2021. Die Anlagen sollen bis November 2019 installiert werden. In einem 15-monatigen Monitoring schließt sich dann eine Analyse des Wirkungsgrades an.

Ressourcenbedarf und Beteiligung

Die Investitionssumme beträgt mehrere Millionen Euro, von denen ein kleiner Anteil durch Fördergelder der EU gedeckt wird. Zudem wird ein festgelegter Personalbedarf der Projektmitarbeiter des Konsortiums durch die EU finanziert. Die nicht durch Fördermittel gedeckten Investitionskosten von Aktion 13 gehen zu Lasten der Bauherren und übersteigen die Kosten eines Standardkonzeptes mit gasbeheiztem Blockheizkraftwerk. Die Investitionen für die PV-Anlagen werden nicht gefördert und müssen über den verkauften Strom bzw. die Einspeisevergütung refinanziert werden. Die Beteiligten sind in der Stakeholder-Analyse unter Abschnitt 1.3.1 aufgeführt.

SWOT-Analyse

Die Chancen und Risiken für das Projekt werden mit Hilfe einer SWOT-Analyse ermittelt, bei der Möglichkeiten und Bedrohungen für das Projekt mit den Stärken und Schwächen der Projektmitglieder in Beziehung gesetzt werden.

SWOT-Analyse

	Stärken • Engagement • Kreativität, Wissen • Gute Vernetzung • Zielorientierung • Gutes Image	Schwächen • geringe finanzielle Ressourcen • Abhängigkeit von Externen/äußeren Umständen
Möglichkeiten • Unterstützer • Alternative Aktionen • F&E	Stärken einsetzen, um Chancen zu nutzen • Vernetzung und Image zur Suche neuer Partner nutzen • Entwicklung alternativer Aktionen • Veränderung/neue Wege zum Ziel	Chancen nutzen, um Schwächen zu verringern • Unterstützer/öffentliche Förderer aktivieren • Öffentlichkeitsarbeit • Weiterentwicklung problematischer Technik
Bedrohungen • Lieferverzögerungen • Investor-Absagen • Ausfall von Partnern	Stärken nutzen, um Risiken zu minimieren • Investoren mit Engagement und Wissen überzeugen • Im Netzwerk neue Partner finden • Alternativen finden	Schwächen abbauen, um Risiken zu verringern • Alternative Finanzierungsmöglichkeiten suchen • Vertragliche Bindung und Konventionalstrafen • Energiestandard in Bauvorgaben aufnehmen

Abb. 1. 11 SWOT-Analyse
Eigene Darstellung, Vorlage https://projekte-leicht-gemacht.de/downloads/ - Zugriff 19.8.2018

Das größte Risiko liegt in der Abhängigkeit von Investoren, die nicht bereits vor Projektstart vertraglich auf die Beteiligung an den Projektzielen oder baurechtlich auf den hohen Energiestandard verpflichtet wurden. Letztendlich hat genau diese Bedrohung, die abschlägige Entscheidung eines Bauherrn, Aktion 13 zum Scheitern gebracht und Krisen bei weiteren davon abhängigen Aktionen und Zielen verursacht.

1.3.3 Prozessanalyse

Die Prozessanalyse erfolgt in Anlehnung an den weltweit eingesetzten (Steckenberg, 2011) Project Management Body of Knowledge (PMBOK), des Project Management Institute (PMI). Danach besteht ein Projekt aus *"...Prozessen, Prozessgruppen, Wissensgebieten sowie den Abhängigkeiten und Wechselwirkungen zwischen ihnen"* (Freitag, 2016, S. 166). In Abb. 1.12 sind die Prozessgruppen nach PMI (s. Anhang C) aufgeführt und die entsprechenden Schritte beispielhaft für Aktion

13 von mySMARTLife skizziert. Die Idee zur Beteiligung an msl entstand 2015 im Zusammenhang mit dem integrierten Klimakonzept Bergedorf[10].

Prozessgruppe	Schritte bei msl, Beispiel Aktion 13 (vgl. Abb. 1.2)
Initialisierung	Die Neubauten „Am Schleusengraben" sollen mit innovativer Energie- und Wärmetechnik gebaut werden. Ziel ist eine verbrennungsfreie Wärmeversorgung. Gebäude im alten Zentrum von Bergedorf sollen mit Sanierung und Solarnutzung energetisch auf neuen Stand gebracht werden. Für diese und weitere Maßnahmen wird ein Förderantrag im Programm Horizon2020 gestellt.
Planung	**Grobplanung**: Für die Neubauten werden die technischen Möglichkeiten entwickelt und kombiniert, für die PV-Anlagen das Potenzial ermittelt (Grobstruktur). Kritik → Stakeholder-Analyse unterbleibt.
	Zielplanung (SMART): Die Ziele werden genau beschrieben, die angestrebte Solarstromproduktion beziffert.
	Terminplanung: Fertigstellung Nov. 2019 (Vorgabe H2020), dazwischen Meilensteine, bis 2021 Monitoring und Analyse der energetischen Auswirkungen.
	Kostenplanung: Kalkulation von Personalaufwand und Investitionen (Bestandteil des H2020-Antrages).
	Projektstrukturplan: Kritik → fehlt, wird erst in der Umsetzungsphase nachgeholt.
Umsetzung	Aufbau der **Projektorganisation**: Konsortium Hamburg, Projektgruppen, Gruppenleiter – Konferenz- und Kommunikations-Struktur
	Projektstrukturplan für alle Hamburg-Aktionen erstellt.
	Architektonische Eingliederung der Maßnahmen und Verhandlungen mit dem Investor, wiederholte Planänderungen und Anpassungen. Absage des Investors und damit Scheitern von Aktion 13 aufgrund wirtschaftlicher Erwägungen des Investors.
	Vernetzung und **Entwicklung alternativer Aktionen**, die dieselben oder ähnliche Komponenten in unterschiedlicher Konstellation beinhalten. Formulierung der veränderten Ziele und Start eines Amendment-Prozesses mit der EU = aktueller Stand → Planung alternativer Aktionen.
Monitoring & Evaluation	**An die EU**: Quartalsweise Kurzmitteilung in einer Monitoring-Tabelle, halbjährlicher Finanzbericht, 18monatig Finanzbericht, technischer Report und Review
	Intern: 2monatlich und bei Besonderheiten Sitzung der Steuerungsgruppe sowie jeder Themengruppe (Energie, Mobilität, ICT)
Abschluss	2021 nach Evaluationsphase mit Zusammenstellung der Ergebnisse und Erkenntnisse sowie Empfehlungen zum künftigen Einsatz und zur Ausbreitung der Energieeffizienztechniken, Webinare für Interessenten

Abb. 1. 12 Skizzierung des Projektprozesses am Beispiel von Aktion 13
Eigene Darstellung

---

[10] https://www.klimazeichen-bergedorf.de/herzlich-willkommen/klimaschutz-in-bergedorf/ - Zugriff 26.8.2018

Wie ist der aktuelle Status?

Im Juni 2018 hatten die Projektbeteiligten das erste große Reporting an die Europäische Kommission zu erstellen. Dabei zeigte sich eine Mischung aus:

- Aktionen, die termingerecht und wie geplant laufen,
- Aktionen mit z. T. deutlichen Verspätungen (z.B. haben Elektro-Busse wegen großer Nachfrage derzeit deutlich über ein Jahr Lieferzeit),
- Aktionen, die in anderer Form als geplant umgesetzt werden (z.B. Aktion 5),
- und Aktionen, die gescheitert sind (z.B. Aktion 13).

Die Verzögerungen und das Scheitern wurden in den Fortschrittsbeschreibungen des Monitorings dokumentiert und in den nach 18 Monaten fälligen umfangreichen technischen Reports an den Projektträger, die Europäische Kommission (EC) gemeldet. Nach Sichtung dieser Reports haben die Mitglieder des Konsortiums dem Project Officer der EC in einem Review Rede und Antwort zu stehen. Als äußerste Konsequenz droht die Streichung von Fördergeldern der EU.

2 Methoden und Analysen - Empirischer Teil

Im Methodenteil dieser Arbeit werden zunächst die Forschungsfragen auf Basis des Forschungszieles und der Analysen aus dem Projektmanagement ausformuliert. Im Anschluss wird die durchgeführte empirische Untersuchung – qualitative Experteninterviews – begründet, Qualitätskriterien, Stichprobe und Datenanalyse werden beschrieben.

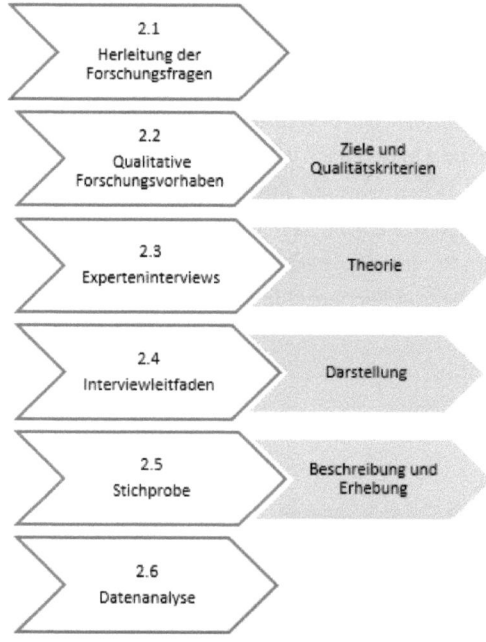

Abb. 2. 1 Aufbau von Kapitel 2
Methoden und Analysen

2.1 Herleitung der Forschungsfragen aus den bisherigen Analysen

In den Analysen des Projektmanagements wurde im ersten Kapitel festgestellt, dass

1. ...das Scheitern des genannten Teilzieles 13 durch eine externe Entscheidung verursacht wurde.
2. ...das Scheitern von Teilzielen u. U. ernsthafte Konsequenzen für die Förderung der weiteren Teilprojekte aufgrund der möglichen Streichung von Fördergeldern hat.

Für das Konsortium Hamburg stellt sich in daher die Frage wie mit dieser schwierigen Situation umzugehen ist. Aus dem konkreten Fall mySMARTLife können dann Rückschlüsse über das Projektmanagement in Krisensituationen generell gezogen werden.

Die Beantwortung dieser Frage und die Entwicklung von Wegen zum konstruktiven Umgang mit Krisen im Projektmanagement werden in Experteninterviews unter zwei übergeordneten Forschungsfragen herausgearbeitet:

- Wie kann mit Krisen im Projektmanagement konstruktiv umgegangen werden?
- Wie sind Krisen bei der Fortführung dieses und bei künftigen Projekten vermeidbar?

Um sowohl die Schwachpunkte in msl als Lehrstück für künftige Projekte verwenden zu können als auch Erkenntnisse zu erlangen, wie mit der aktuellen Situation des Scheiterns umgegangen werden kann, wurden die Interviews nach folgenden Themen ausdifferenziert:

- Allgemeine Einschätzung zu mySMARTLife und dem Team
- Möglichkeiten, dem Scheitern in der Projektvorbereitung vorzubeugen
- Die erste Reaktion auf die Gewissheit
- Schritte zur Fortführung von msl
- Resümee und Empfehlungen

Aufbauend auf den bisherigen Erkenntnissen wurde ein systematischer Forschungsprozess entwickelt. Abbildung 2.2 gibt einen ersten Überblick über das forschungsmethodische Vorgehen.

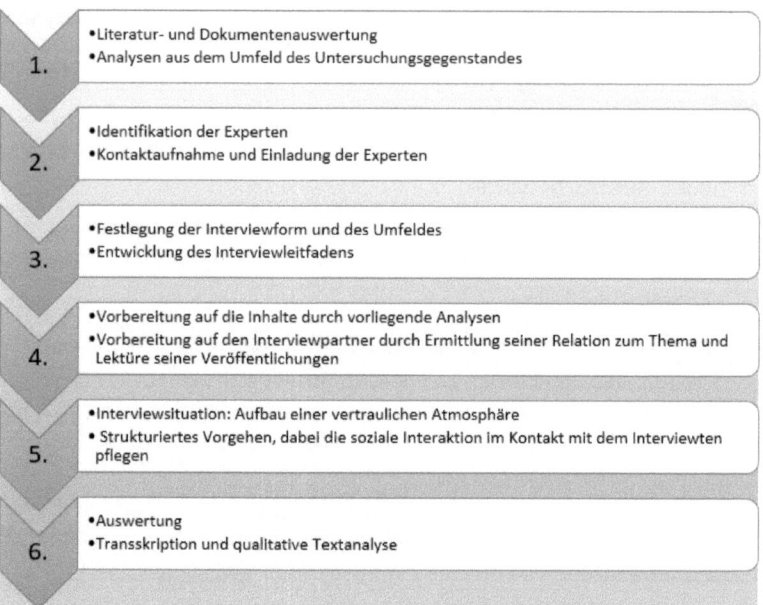

Abb. 2. 2 Prozess zur Durchführung eines Experteninterviews
Eigene Darstellung nach Wassermann, 2015

2.2 Ziele und Qualitätskriterien qualitativer Forschungsvorhaben

Die qualitative Forschung wird überwiegend zur Entwicklung neuer Theorien oder Modelle eingesetzt. Dabei nimmt sie in einem dynamischen Prozess die Sicht der Probanden in den Fokus, was zu einer veränderten Perspektive und größerer Offenheit des Forschungsprozesses führt. Diese Dynamik und Offenheit im qualitativen Forschungsprozess (s.u. Zitat Helfferich, 2011) erfordern stringente Qualitätskriterien, insbesondere Glaubwürdigkeit und Transparenz. Döring/Pöschl/Bortz (2016) stellen das übergeordnete Kriterium Glaubwürdigkeit als unabdingbar heraus und schlagen vier Unterkriterien vor, welche die Glaubwürdigkeit belegen (vergleiche Lincoln/Guba, 1985):

- Vertrauenswürdigkeit – Die Methode ist beschrieben, die Methodenwahl begründet, die Datenquellen sind vertrauenswürdig, die Ergebnisse und Interpretationen sind anhand der Rohdaten gegengeprüft.
- Übertragbarkeit – Die Ergebnisse sind für andere Kontexte ebenso gültig.
- Zuverlässigkeit – Die Gestaltung des durchlaufenen Forschungsprozesses ist klar und nachvollziehbar.
- Bestätigbarkeit – Die Studie wurde ergebnisoffen durchgeführt und ist nicht von Interessen geleitet.

Mit den vorgenannten Kriterien sollen die Leser davon überzeugt werden, „dass die Ergebnisse der jeweiligen qualitativen Studie wirklich aussagekräftig sind und etwas über die untersuchte soziale Wirklichkeit aussagen." (Döring/Pöschl/Bortz, 2016, S. 108ff).

Auch Helfferich positioniert sich zur Problematik der Glaubwürdigkeit in qualitativen Forschungsprozessen und betont dabei die Rolle der Selbstreflektion der Forschenden im gesamten Untersuchungsprozess:

> „Qualitative Interviews sind Kommunikationssituationen, das heißt: Die entscheidenden Daten werden in einer hochkomplexen und die Subjektivität der Beteiligten einbeziehenden Situation erzeugt. Die Qualität der Daten (der Erzählungen, Texte, Äußerungen etc.) und letztlich auch die Auswertungsmöglichkeiten hängen von der Qualität der Erhebungssituation ab."
>
> (Helfferich, 2011, S. 9).

Helfferich weist auf die erforderlichen Konsequenzen der Wahrheitsfrage in der Kommunikation hin: *„Offenheit, Zurückhaltung bzw. Reflexion der eigenen Anteile, methodische Sorgfalt bei der Gestaltung der Interviewsituation."* (Helfferich, 2011, S.63). Diese ergibt sich aus den unterschiedlichen Strategien und Stilen der Gesprächspartner, sowie ggf. deren verborgenen Zielen, die eine dem Kontext angepasste Version der eigenen Geschichte bedingt. In einem anderen Kontext könnten die Antworten anders lauten. Diese Qualitätskriterien sieht die Autorin der vorliegenden Arbeit sowohl für das Design der Studie als auch für die Datenerhebung als bindend an.

2.3 Problemzentrierte, leitfadengestützte Experteninterviews

Die Forschungsfragen werden in dieser Arbeit mit der Methode des problemzentrierten Experteninterviews untersucht. Dieses zielt im Allgemeinen auf eine *"möglichst unvoreingenommene Erfassung individueller Handlungen sowie subjektiver Wahrnehmungen und Verarbeitungsweisen gesellschaftlicher Realität"* (Witzel, 2000, Abschnitt 1[11]) und ist damit zur Untersuchung des Forschungsobjektes bestens geeignet. Witzel beschreibt die charakteristischen Aspekte eines problemzentrierten Interviews wie folgt (vgl. Witzel 2000, S. 2):

- Problemzentrierung: das Interview hinterfragt ein Problem, das aus theoretischer Sicht relevant und dem Interviewpartner bekannt ist.
- Gegenstandsorientierung: das problemzentrierte Interview schreibt kein starres Vorgehen vor. Das methodische Vorgehen wird auf den untersuchten Gegenstand abgestimmt.
- Prozessorientierung: Das problemzentrierte Interview setzt eine offene, vertrauensvolle Gesprächsatmosphäre voraus. Durch theoretisches Sampling und die Auswahl der Stichprobe wird der Prozess der Datenerhebung gelenkt und die Methode des problemzentrierten Interviews erweitert.

Das Experteninterview ist eine erweiterte Form des problemzentrierten Interviews. Experteninterviews zielen darauf ab, Wissensbestände von Experten über Prozesse, Strukturen, Praktiken oder Einstellungen zu rekonstruieren, die eine gewisse Exklusivität haben und nur einer begrenzten Gruppe von Personen zugänglich sind. Es setzt sowohl auf Seiten der Experten wie der Interviewer ein ausreichend tiefes Wissen über das Forschungsgebiet und dessen Umfeld voraus. (Niederberger/Wassermann, 2015). Wassermann fordert dazu: *"Eine thematische Kompetenz auf Seiten des **Interviewers** ist [...] die Voraussetzung für ein gelingendes Interview"* (Niederberger/Wassermann, 2015, S. 58).

Döring/Pöschl/Bortz sehen das Ziel von Experteninterviews darin, *"gedanklich und sprachlich leicht zugängliches strukturelles Fachwissen, andererseits aber auch [...] Praxis- und Handlungswissen"* für die untersuchten Themen zugänglich zu machen (Döring/Pöschl/Bortz, 2016, S. 375). Damit wird genau das Ziel der vorliegenden Untersuchung beschrieben. Bogner, Littig & Menz (2014) folgend sollen in

---

[11] http://www.qualitative-research.net/index.php/fqs/article/view/1132/2519 - Zugriff 15.8.2018

dieser Untersuchung Experteninterviews zur systematischen Erfassung expliziter Wissensstrukturen in bestimmten Handlungsfeldern genutzt werden:

- Untersucht wird ein konkretes Problem, das in der Arbeits- und Forschungswelt häufig auftritt und u. U. schwerwiegende Konsequenzen hat.
- Um die Zusammenhänge und mögliche Defizite zu erkennen, die zur Entstehung des Problems geführt haben und Möglichkeiten zum Umgang mit dem Problem zu entwickeln, ist das Hintergrundwissen von Experten erforderlich.

2.4 Darstellung des Interviewleitfadens

Der Interviewleitfaden (Abb.2.3) wurde gemäß den Forschungsfragen (Abschnitt 2.1) strukturiert:

Fragen/Leitfaden Experteninterview

Vorab: Dieses Interview dauert ca. 60 Minuten. Es wird auf MP3 aufgezeichnet und anschließend anonym transkribiert, damit ich nichts Wichtiges überhöre. Der MP3 Mitschnitt wird vertraulich behandelt und nach Fertigstellung der Arbeit vernichtet.

Part	Frage	Vertiefung	Notizen, Specials
Einführung	Beim Projekt mySMARTLife läuft vieles nach Plan, doch sind – wie in wohl jedem komplexen Projekt - in den ersten 18 der 60 Projektmonate einige Aktionen (Teilziele) verspätet, einige erweisen sich als nur teilweise umsetzbar und einige sind leider gescheitert. In diesem Interview geht es nur am Rande um die Ursachen des Scheiterns, dessen Gründe im Außen liegen. Wir wollen herausarbeiten, welche Folgen das Scheitern hat, wie wir damit konstruktiv umgegangen werden kann und wie die Risiken, die dazu geführt haben, in künftigen Projekten zu minimieren sind.	Welche Rolle haben Sie im Projekt und welche Rolle spielt das Projekt für Sie? Wieviel (Arbeits-)Zeit verbringen Sie in der Woche an dem Projekt? Bitte nennen Sie den Punkt, der Ihre Einschätzung gerade bestimmt hat.	
Allgemeine Einschätzung	Einstiegsfrage: Was ist gerade Ihr Thema bei mySMARTLife? Welcher Smiley ist Ihrer Meinung nach für den Fortschritt der Hamburger Teile des Projektes zutreffend? ☺ ☺ ☹ Welches sind Ihrer Meinung nach die Stärken / die Schwächen des Teams?		
Projektvorbereitung	Das Projekt ist insgesamt so umfangreich und komplex, dass eine ausführliche Analyse aller Hamburger Aktionen den Rahmen dieses Interviews sprengen würde. Die folgenden Fragen beziehen sich auf problematische oder gescheiterte Teilziele. Um für zukünftige Projekte aus dem Scheitern zu lernen, würde ich gerne einige Fragen zur Entwicklung der Ziele, den grundlegenden Annahmen, dem Prozess und den Ergebnissen mit Ihnen erörtern. Wie stellt sich die Projektvorbereitung aus Ihrer Sicht dar? Was ist bei der Planung gut gelaufen? Was war problematisch? Wie wurden Ihres Wissens die Ziele entwickelt und entschieden? Wie wurde die Umsetzbarkeit des Projektes bewertet?	Wie beurteilen Sie die verfügbaren Ressourcen und die Recherchen in der Projektvorbereitung? Welche Annahmen lagen den Zielen zugrunde? Wie erfolgte die Bewertung der Ziele und die Entscheidung für die Zieldefinition? Spiegelt sich der Plan und die Struktur, im Grant Agreement – den Vertrag mit der Europäischen Kommission? Neutral oder durch weitergehende Interessen beeinflusst?	

Phase	Frage	Nachfrage
	Gibt es Ihrer Meinung nach Versäumnisse bei der Projektentwicklung/-planung?	
	Was würden Sie bei der nächsten Projektplanung anders/besser machen?	
"Scheitern" – Der Moment der Wahrheit	Der Grund für das Scheitern einiger Teilprojekte z.B. Aktion 13 war die Absage durch den Investor. Wurde diese Möglichkeit bei der Bewertung des Projektes in Betracht gezogen?	
	Wie haben Sie „den Moment der Wahrheit" erlebt?	Wann haben Sie vom Scheitern und dem Grund dafür erfahren? Wie haben Sie persönlich auf die Gewissheit des Scheiterns wichtiger Teilziele reagiert? Wie waren das Klima und die Reaktion in der Projektgruppe nach Bekanntwerden des Scheiterns?
	Gibt es weitere Aspekte zum Scheitern der Teilziele, die für Sie wichtig sind?	
	Wie hätte man diese Situation und die daraus folgenden Probleme vermeiden können?	
Fortführung des Projektes	Was waren i.R. des Projektes die nächsten Schritte nach dem Bekanntwerden des Scheiterns?	Wo kommen die alternativen Lösungen her und wie sind sie entstanden? Wie werden i. R. des Projektprozesses alternative Lösungen implementiert?
	Was ist Ihrer Meinung nach das größte Risiko für einen erfolgreichen Abschluss der Hamburger Ziele des Projektes?	
Resümee	Was sind für Sie die „Lessons learned" aus dem Scheitern und der Fortführung des Projektes?	Was würden Sie auf keinen Fall/in jedem Fall in einem nächsten Projekt machen?
	Welche Empfehlungen haben Sie für eine erfolgreiche Fortführung des Projektes?	
Abschluss	Gibt es noch Dinge, die Ihnen wichtig sind und die Sie gerne ergänzen möchten?	
	Vielen Dank für das offene Gespräch.	

Abb. 2. 3 Interviewleitfaden
Eigene Darstellung

1. Abschnitt Allgemeine Einschätzung → dient der Einstimmung auf das Interview und der Ermittlung der Haltung (positiv/negativ) gegenüber dem Projekt und dem Team.
2. Abschnitt Projektvorbereitung → dient dem Erwerb von Erkenntnissen, wie die Probleme möglicherweise bereits bei der Projektvorbereitung hätten vermieden werden können, um daraus für die Vorbereitung künftiger Projekte zu lernen.
3. Abschnitt Scheitern → zielt auf die Ermittlung der ersten Reaktion auf die Gewissheit über das Scheitern.
4. Abschnitt Fortführung des Projektes → soll erfragen, was hilft, um in einer solcher Situation aktiv zu werden und neue Wege zu entwickeln.
5. Abschnitt Resümee → dient der abschließenden Betrachtung der Erfahrung des Scheiterns und der Herausarbeitung expliziter Ratschläge für andere Projekte zur Vermeidung und – im Fall der Fälle – zum Umgang mit Krisen.

Durch diese Aufteilungen werden im Interview Perspektivenwechsel von der Gefühls- zur Sachebene sowie vom Fokus auf gescheiterte Teilziele hin zur Weitung auf Projektmanagement allgemein angeregt.

Um eine Anpassung des Interviews an den Gesprächsverlauf unter Beibehaltung der Struktur zu erreichen wurden die Ausgangsfragen zu jedem Abschnitt durch Vertiefungsfragen ergänzt, die in Abhängigkeit von den Antworten des Interviewpartners gestellt werden. Der Leitfaden enthält außerdem eine Spalte für Notizen oder Kennzeichnung von Highlights, auf die im weiteren Gesprächsverlauf eingegangen werden kann, ohne die Ausführungen des Experten zu unterbrechen. Im Original ist er auf zwei DIN A4-Seiten quer verteilt, um das Umblättern der Seiten im Gesprächsverlauf zu vermeiden.

2.5 Beschreibung der Stichprobe und der Erhebungssituation

Die Interviewpartner wurden aus den Mitgliedern des Hamburger Konsortiums gezielt ausgewählt. Alle sind durch die Projektkrise in ihren eigenen Aktionen oder Belangen betroffen. Sie gehören in verantwortlicher Position am Projekt beteiligten Hamburger Organisationen an.

Ihre Expertise haben die Interviewpartner durch ihre Ausbildung, ihr Studium (z.T. Dissertation/Promotion) sowie die berufliche Tätigkeit und jahrelange Erfahrung im Projektmanagement erworben. Sie arbeiten an entscheidender Stelle im Projekt mit oder haben eine leitende Funktion inne und sind „Überzeugungstäter" in ihrem Einsatz für den Klimaschutz.

Die Interviews wurden face-to-face in unterschiedlichen Räumlichkeiten von der Autorin, die ebenfalls im Projekt involviert ist, durchgeführt. Alle Interviews wurden als MP3 mit einer Handy-App aufgezeichnet und anschließend transkribiert. Dabei ist der Zusammenhang der Arbeitsschritte an der Nummerierung erkennbar (Abb. 2.4).

Abb. 2. 4 Überleitung und Zusammenhang der Interviews
Aufzeichnung „recording1..." wurde in Datei transsript1... verschriftlicht und die Aussagen unter Kennzeichnung „E1" (für Expertise 1) ausgewertet – eigene Darstellung

Da es beim Scheitern im Projektmanagement um ein heikles Thema geht und alle interviewten Personen betroffen sind, wurden sie im Vorfeld dieser Forschungsarbeit kontaktiert und ihre Zustimmung eingeholt, mySMARTLife als Beispiel zu verwenden. Dabei wurden sie über den Titel der Arbeit und das Forschungsziel informiert. Außerdem wurde Ihnen Anonymität zugesichert, um Vertrauen und Offenheit zu fördern.

Methoden und Analysen - Empirischer Teil

Kennung	Nähe/Distanz	Expertise	Funktion im Projekt	Interviewsituation
E1	2	Dissertation in Umweltwissenschaften, Projektmanagement Energieprojekte	Planung und Steuerung div. Energie-Aktionen	27.8.2018 um 16:00 Uhr im Konferenzraum der Verbraucherzentrale Hamburg
E2	1	Dipl.-Ing., Projektmanagement in der Stadtentwicklung, Projektkoordination	Zentrale Koordination von Aktionen und Veranstaltungen, Projektberichtswesen	29.8.2018 um 14:00 Uhr im Projektbüro Bergedorf
E3	2	Dipl.-Physik, Produktmanagement, Geschäftsführung und Projektmanagement IT	Koordination und Beratung	31.8.2018 um 14:30 Uhr im Restaurant „Old Commercial Room" im Anschluss an ein gemeinsames Essen
E4	1	Dr. Ing., Professor im Bereich Energiewende	Wissenschaftliche Leitung „Smart Grids"	3.9.2018 um 14:30 Uhr im Energiecampus Bergedorf
E5	3	Leitende Funktion in der Administration	H2020-Antragstellung und administrative Begleitung	7.9.2018 um 10:00 Uhr in einem Konferenzraum der Stadt Hamburg

Abb. 2. 5 Anonymisierte Aufstellung der Expertinnen und Experten
Die Nähe bzw. Distanz zur operationalen Tätigkeit im Projekt werden mit dem Faktor N (1 → operational im Projekt, 2 → beratend, 3 → distanziert) kategorisiert.

2.6 Datenanalyse

Die Datenanalyse in der vorliegenden Arbeit orientiert sich an der qualitativen Textanalyse. Um der Komplexität der qualitativen Daten gerecht zu werden, werden im Besonderen folgende Kriterien beachtet (vergleiche Mayring/Buber, 2009, S. 672f):

- Einbettung in einen Kommunikationszusammenhang
- Einsatz von Kategorien bzw. Kategoriensystemen steht im Zentrum der Analyse
- Schrittweise Zergliederung des Textes anhand definierter Analyseeinheiten
- Systematisches, regel- und theoriegeleitetes Vorgehen
- Orientierung an Gütekriterien

Kuckartz (2018) unterscheidet drei Grundformen der qualitativen Inhaltsanalyse, verweist jedoch darauf, dass diese selten in Reinform vorkommen:
- inhaltlich-strukturierende Inhaltsanalyse
- evaluative Inhaltsanalyse
- typenbildende Inhaltsanalyse

Niederberger/Wassermann empfiehlt zur Wahl der Analysenform die Orientierung *„an der Fragestellung, am Erkenntnisinteresse sowie an den verfügbaren Ressourcen"* (Niederberger/Wassermann, 2015, S. 61). In der vorliegenden Arbeit basiert das Vorgehen auf der inhaltlich-strukturierenden Inhaltsanalyse (Abb. 2.6), da die Forschungsfragen aus dem bereits strukturierten Prozess eines Projektes resultieren.

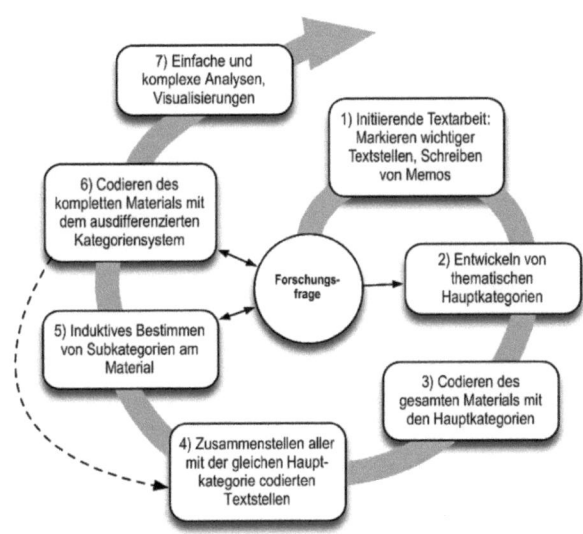

Abb. 2.6 Ablaufschema einer inhaltlich strukturierenden Inhaltsanalyse
Quelle: Kuckartz, 2018, S. 100

Beschreibung der Datenaufbereitung und -analyse

Beim gesamten Prozess der Datenaufbereitung und -analyse wurde sorgfältig darauf geachtet, dass keinerlei Aussagen an sich oder durch Übertragung in einen neuen Kontext verfälscht wurden. Die Audiodateien der Interviews (Format mp3) wurden mit der Software F4transkript[12] transkribiert. Dabei wurden aus forschungsökonomischen Gründen Passagen, die für die Beantwortung der Forschungsfrage keine relevanten Informationen enthalten wie die Begrüßung, nicht transkribiert. Sie sind in den Audiodateien im digitalen Anhang verfügbar. Die Textdateien aus F4 wurden in MS-Word übernommen, mit Zeilennummern ergänzt und orthografisch sowie grammatikalisch korrigiert. Das Vorgehen bei der Analyse orientiert sich im Wesentlichen am Ablaufschema gemäß Abb. 2.6 von Kuckartz:

- Die Analyse wurde manuell durchgeführt. Aus diesem Grund wurden die Textstellen nicht codiert, sondern direkt in einer Tabelle (Inhaltsanalyse-Master) den Hauptkategorien zugeordnet. Die Analyseeinheit bilden einzelne bzw. mehrere Sätze mit gemeinsamem Sinnzusammenhang. Die Textstellen wurden bewusst möglichst kurzgehalten, um den Fokus auf die Kernaussage zu setzen und die Übersicht zu garantieren.
- Die Hauptkategorien ergeben sich bereits aus dem Projektprozess und dem Interviewleitfaden. Daher wurden die aussagefähigen Textstellen direkt den Hauptkategorien zugeordnet (Schritte 1 – 4 lt. Schema).
- Das Kategoriensystem entstand aus einem reduktiv-induktivem Prozess, bei dem aus dem Material heraus Subkategorien entwickelt und den Hauptkategorien zugeordnet wurden. Das vollständige Kategoriensystem ist in Anhang E aufgeführt.
- Die Tabelle mit den auf diese Weise ausdifferenzierten Inhalten bildet die Grundlage der weiteren Analysen. Dazu wurden die Textstellen noch einmal redigiert, wobei sorgfältig darauf geachtet wurde, dass der Sinn der Inhalte nicht verfälscht wurde. Teilweise wurden Zitate mit Anmerkungen ergänzt, die den Kontext verdeutlichen.

Im nächsten Schritt wurde die Mastertabelle um die Perspektive der Autorin dieser Arbeit mit ihrer Expertise erweitert (Abb. 2.7). Dies sorgt dafür, dass der anschließende Interpretationsprozess in Bezug auf die Positionen der Autorin möglichst transparent erfolgt.

---

[12] Edu-Version v7.02

Hauptkategorie	Subkategorie	E 1 – N2	E 2 – N1	E 3 – N2	E 4 – N1	E 5 – N3	Einschätzung der Autorin – N1
Nähe zur operationellen Tätigkeit		Anfangs intensiv, jetzt (durch entfallene Aktion) mehr beobachtend, beratend	Intensiv in der zentralen Koordination im Bezirk	Nicht operativ, beratend in der Administration mit den Partnern	Direkt, verantwortlich für Partner Energie	Distanziert – übergeordnete Leitstelle	Direkt, Projektleiterin eines Partners Energie
Allgemein	Rolle	23-24: Gerade in der Zeit, als wir ja noch aktiv waren, beim Schiffpark sehr aktiv waren, habe ich das Projekt gesteuert 36-37: Im Moment ist es so, dass ich fast gar nichts mehr mache ... ich fast nur noch Beobachter bin.	5: Ich bereite gerade das nächste Meeting vor. 15-16: ...ansonsten vertrete ich halt den Projektpartner Bergedorf in den Aktionen, die Bergedorf da drin hat, und wir koordinieren den Hamburger Teil.	12-13: Ich bin im Grunde nur Ratgeber, wenn es um strategische oder um Budgetfragen geht.	9-12: Die HAW erarbeitet unter meiner Leitung in dieser Arbeitsgruppe (Anm. der Autorin: Arbeitsgruppe Energie) Möglichkeiten um Stromverbraucher und Stromerzeuger so zu betreiben, dass sie möglichst netzdienlich betrieben werden.	6-8: Ich hatte die letzten drei Jahre bevor msl bewilligt worden ist, das Vergnügen, die beiden Vorläuferanträge und dann auch den Antrag der für msl dann zum Erfolg führte, zu entwickeln. 26-29: Meine Spezialität ist, Logik von Projekten zu verstehen, zu versuchen, Querverbindungen aus anderen Projekten herzustellen, wenn es irgendwo Probleme gibt, Analogien aus anderen Projekten, die bereits Lösungsvorschläge haben, in msl einzubringen.	Ich bin verantwortlich für die Aktionen eines Projektpartners der Gruppe Energie. Dieser Projektpartner ist u.a. Leader für eine der zentralen gescheiterten Aktionen. Ich habe meine Tätigkeit im April 2018 – also nach dem Scheitern – begonnen.

Abb. 2.7 Ausschnitt der Mastertabelle für die Inhaltsanalyse
Die vollständige Datei befindet sich im digitalen Anhang dieser Arbeit. Anm.: Die Spalten E1-E5 enthalten ausschließlich redigierte Zitate der ExpertInnen

In dieser Arbeit werden zudem abweichend von Kuckartz (2018, S. 112ff) passend zur Forschungsfrage keine fallbezogenen, sondern kategorienbezogene Zusammenfassungen auf Basis der Subkategorien erstellt (Anhang F). Die Autorin hat dabei mit eigener Erfahrung im Projekt den Status beurteilt und mit der übergeordneten Kenntnis aller Interviews lediglich die Aussagen der interviewten ExpertInnen erklärend ergänzt. In diesem Arbeitsschritt wurde die Struktur der Kategorien und Subkategorien noch einmal überprüft. Auf Basis der Zusammenfassungen werden die Ergebnisse der Interviews im nachfolgenden dritten Abschnitt dargelegt.

3 Ergebnisdarstellung

Dieser Abschnitt ist primär nach den Hauptkategorien des Interviewleitfadens und der Textanalyse geordnet (Abb. 3.1). Bei jeder Kategorie werden zunächst die Ergebnisse der Interviews dargestellt und in einem zweiten Schritt diskutiert.

3.1 Hauptkategorie 1: Allgemein – Aussagen zum Gesamtprojekt

In diesem Absatz werden die Einschätzung der Interviewten zum Gesamtprojekt und zum Team ausgewertet.

Ergebnisdarstellung

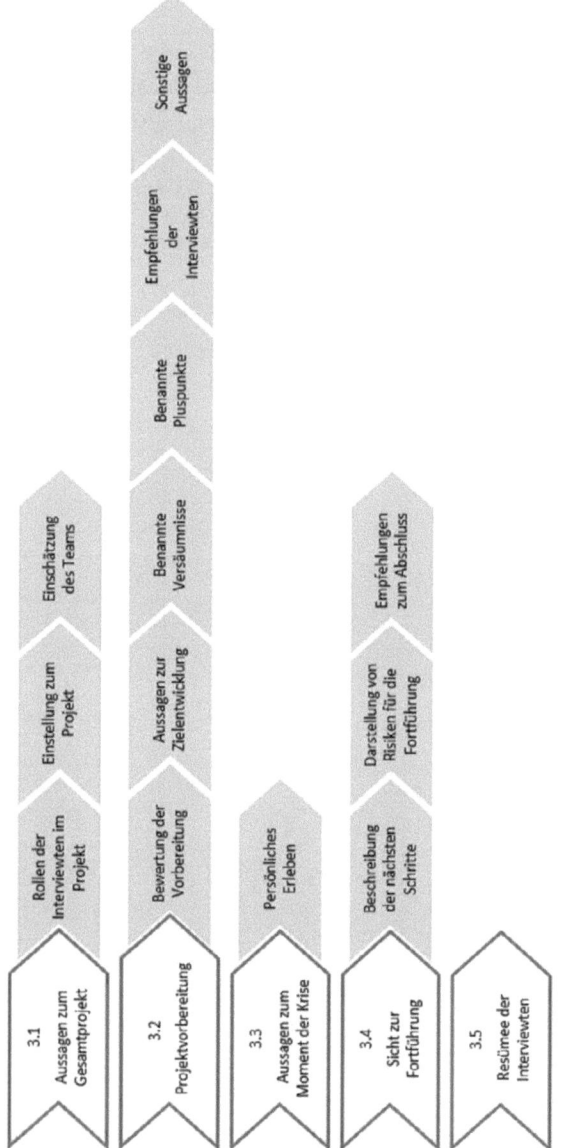

Abb. 3.1 Aufbau der Ergebnisdarstellung aus den Interviews Hauptkategorien und dargestellte Subkategorien

3.1.1 Ergebnis der Interviews zum Projekt und zum Team

Rollen der Interviewten im Projekt

Die interviewten ExpertenInnen sind aufgrund ihrer Position auf unterschiedliche Art in das Projekt eingebunden: Darunter gibt es Formen direkter Mitarbeit und Verantwortung, Beratung und Koordination bis hin zur distanzierten Position einer übergeordneten Leitstelle. Die Nähe bzw. Distanz wurden mit dem Faktor N (1 → operational im Projekt, 2 → beratend, 3 → distanziert) kategorisiert.

Das Projekt

Das Projekt zum derzeitigen Stand nach 20 von 60 Projektmonaten wurde sehr unterschiedlich beurteilt. Das Thema wurde in den Interviews mit einer dreistufigen Bewertung unter Zuhilfenahme von Emoticons (Abb. 3.2) eröffnet. Zwei der Interviewten urteilten positiv, zwei negativ und einer wählte die neutrale Mitte.

13

Abb. 3. 2 Score Smileys
Quelle s. Fußnote

Dabei ist die Tendenz festzustellen, dass die Bewertung umso positiver ausfällt, je größer die Distanz zum Projekt ist. Die operativ im Projekt tätigen Interviewten kämpfen mit der aktuellen Krise und urteilen eher negativ. Sie geben an, dass sich das Projekt momentan in seiner schwersten Phase befindet und für die abgelaufene Zeit zu wenig praktisch umgesetzt wäre. Von einer projektbegleitenden Interviewten kommt die neutrale Bewertung, die sich ebenfalls auf die Arbeit am Projekt bezieht: *„Ich glaube, dass wir da sehr konstruktiv rangehen"* (E1-N2, Zeilen 45-46). Die beiden positiven Bewertungen dagegen werden mit der über das Projekt hinausgehende Wirkung begründet z.B.: *„Da sind so viele Innovationen und unter normalen Umständen unmögliche Dinge drin..."* (E3-N2, Zeilen 26ff).

Doch auch bei den negativ Urteilenden zeigt sich im Laufe der Interviews eine generelle Begeisterung für das Projekt, aus der sich teilweise sogar Stolz heraushören lässt, an diesem Projekt mitzuarbeiten. Die Ideen und die innovativen Ansätze werden durchweg positiv bewertet. Der aktuelle Stand dagegen wird eher negativ

---

13 https://t3.ftcdn.net/jpg/00/75/54/26/240_F_75542651_KJKFfMaOJilZ-hBXid37qgvOkZ6Qrdmlo.jpg - Zugriff 27.8.2018

eingeschätzt. Die Fortschritte sind zäh, die Anfangseuphorie ist der Realität, geprägt durch Konfrontation mit unterschiedlichen Hindernissen, gewichen.

Stärken und Schwächen des Teams

Die Zusammenarbeit im Team des Konsortiums Hamburg wird durchgehend sehr positiv beschrieben und als eine wesentliche Stärke benannt. Alle wollen gemeinsam die Ziele erreichen und unterstützen sich dabei gegenseitig. Als zweite Stärke wird die multidisziplinäre Besetzung des Teams aufgeführt. Das Projekt hat Menschen unterschiedlicher Fachrichtung mit unterschiedlichsten Erfahrungshintergründen zusammengeführt, die sich bestens ergänzen.

Als Schwächen wurden die Unerfahrenheit (nahezu) aller Teammitglieder in Bezug auf ein so großes internationales und besondere Aufmerksamkeit erweckendes EU-Projekt, das zudem durch den Aufbau selbst konzeptionelle Probleme birgt, benannt. In der Zusammenarbeit führen mangelnde Ressourcen bei einigen Team-Mitgliedern zeitweise zu Verzögerungen. Zudem werden die Team-Mitglieder, die bei großen Konzernen angestellt sind, häufiger durch abweichende Prioritäten ihres Arbeitgebers in ihrem Mitwirken eingeschränkt.

Auch wird eine gelegentlich zögerliche Haltung aufgeführt. So hat es längere Zeit gedauert, bis die endgültige Absage der Investoren des innovativen Wärmekonzeptes allen als definitives Aus für das Teilziel mitgeteilt wurde.

3.1.2 Diskussion wesentlicher Ergebnisse zum Projekt gesamt

Über das Projekt selbst herrscht bei den interviewten ExpertInnen eine geteilte Meinung. Während der aktuelle Projektstand aufgrund von Rückständen und der Erkenntnis, dass einige Teilziele nicht bzw. nicht im geplanten Umfang umgesetzt werden können, negativ beschrieben wird, werden die innovativen Ideen und die durch das Projekt entstandenen Entwicklungen im Umfeld des Projektes gelobt. Schon die Tatsache, dass Hamburg Lighthouse eines großen Projektes ist, ermöglicht Veränderung.

Beide Seiten spiegeln sich im Ergebnis der Projektmanagement-Analysen: Die negative Einschätzung lässt sich anhand der Prozessanalyse nachvollziehen, bei der deutlich wird, dass zu diesem fortgeschrittenen Zeitpunkt für einige Teilziele die Entwicklung alternativer Ziele und der Rückschritt in die Zielplanung erforderlich wird. Auch in der SWOT-Analyse (Abb. 1.11) wird die Situation deutlich. Das größtmögliche Risiko für die betroffenen Aktionen ist eingetreten. Die aufgeführten Taktiken zum Abbau der Schwächen (vertragliche Bindung der Investoren,

Konventionalstrafen und baurechtliche Anforderungen) sind zum derzeitigen Zeitpunkt nicht mehr möglich. Doch werden jetzt die Stärken, insbesondere die gute Vernetzung, eingesetzt, um Chancen für die Umsetzung alternativer Ziele zu nutzen.

Die positive Einschätzung und ihre Auswirkung zeigt sich in den Dimensionen der PEST-Analyse:

- Politisch werden höhere Standards in den Energie-Effizienzanforderungen im Bau erarbeitet,
- Rechtlich sollen diese Vorgaben künftig in städtebaulichen Vorgaben verbindlich werden,
- Ökonomisch werden neue wirtschaftlich interessante Wege erschlossen,
- Sozio-kulturell wird Umweltschutz durch die Bürgerveranstaltungen im Rahmen des Projektes als Wert etabliert.

Das Team verfügt über ausreichend Engagement und Fähigkeiten, um die derzeit schwierige Phase zu überwinden und mit alternativen Teilzielen zum Erfolg zu kommen. Insbesondere die Haltung des Projektbüros fördert die gute Zusammenarbeit. Die Lernkurve durch die aufgetretenen Probleme ist hoch und das Team damit hervorragend auf künftige Projekte vorbereitet.

3.2 Hauptkategorie 2: Projektvorbereitung

In diesem Absatz werden die Einschätzungen der ExpertInnen zur Projektvorbereitung dargelegt.

3.2.1 Ergebnis der Interviews zur Projektvorbereitung

Allgemein

Die Projektvorbereitung wurde von keinem Interviewpartner positiv bewertet. Drei Stimmen waren negativ, zwei wählten den neutralen Smiley. Die negative Einschätzung wird mit den aktuellen Problemen begründet, die hauptsächlich darauf zurückgeführt werden, dass das Projekt im Vorfeld nicht mit der gebotenen Sorgfalt vorbereitet wurde. So wurde auch der Präzision von Formulierungen im Antrag und den Evaluationstabellen nicht ausreichend Beachtung geschenkt und Zahlen, die ein Potential darstellen als Umsetzungsziel eingetragen. Beispielsweise wurden Dachflächen im Retrofitbereich, deren Eignung für Photovoltaikanlagen geprüft werden könnte, als zu installierende Photovoltaikflächen angegeben. Dazu kam der

Zeitdruck in der Endphase der Antragsstellung, der verhinderte, dass der Antrag vor Einreichung noch einmal von allen Zielverantwortlichen geprüft und verabschiedet wird

Anscheinend wurde von einigen Teilnehmenden gar nicht damit gerechnet, dass der Antrag – nach zwei Ablehnungen in den Vorjahren – angenommen würde. So lautete eine Äußerung.: *„Ich habe das nicht so ernst genommen, weil ich dachte, das gewinnen wir sowieso nicht."* (E1-N2, Zeilen 93-94). Dementsprechend wird in den Interviews als erster Projekterfolg herausgestellt, dass der Antrag gewonnen wurde.

Von drei ExpertInnen wurde es im Nachhinein als besonderes Manko angesehen, dass sie die Ziele für den Antrag nicht selbst entwickelt und geschrieben haben. Besonders in einem Fall wurde die abweichende Interessenlage des externen Ingenieurbüros als Problem hervorgehoben: Der Dienstleister ist an einem Honorar interessiert. Wenn er dann nicht in der Umsetzungsverantwortung ist, könne er Ideen aufnehmen, die eine aufwendige Planung erfordern, deren Umsetzbarkeit jedoch nicht sicher ist.

Zielentwicklung

Die Ziele wurden zu einem großen Teil von externen Planungsgruppen entwickelt. Das vorrangige Ziel war in dieser Phase, einen Antrag zu verfassen, mit dem der sog. Call des H2020-Förderprogrammes gewonnen wird. Hamburg sollte Lighthouse-City werden.

Bei derartigen EU-Förderprogrammen ist der Rahmen für die Aktionen in der Ausschreibung vorgegeben. Dazu kommt der *„Webfehler"* (E4-N1, Zeile 111), dass Projekte noch nicht begonnen sein dürfen, um mit H2020 gefördert zu werden. Eine vor Antragstellung durchgeführte Detailplanung und intensive Analyse wird damit ausgeschlossen.

Bezüglich der Projektbewertung und -entscheidung wird von den Teilnehmenden der geförderten Organisationen die eigene Unerfahrenheit in derart komplexen Projekten als weiteres Problem angegeben. Die Aussage: *„Wir waren in keinster Weise in der Lage dazu, das auch nur annähernd zu bewerten."* (E1-N2) drückt die Überforderung aus, der sich einzelne Team-Mitglieder gegenübersahen.

Versäumnisse

Die vorgenannten Faktoren zogen schwerwiegende Versäumnisse nach sich:
- Eine Risikoanalyse wurde nicht durchgeführt.
- Die Investoren [Anm.: überwiegend Baufirmen] wurden weder von Anfang an in die Pläne einbezogen noch in irgendeiner Form z. B. mit einem Letter of Intent auf die sie betreffenden Komponenten des Projektes verpflichtet.
- Bei der Ausschreibung zum Verkauf der Grundstücke gab es keinerlei städtebaulichen Vorgaben, die den Projektzielen entsprachen.
- Die Absage von Investoren – die letztendlich die Bauten bezahlen – wurde nicht in Betracht gezogen.
- Die Realisierbarkeit der Teilziele im Energiebereich wurde nicht geprüft.
- Der Abruf und die Verfügbarkeit der technischen Fördermittel wurden falsch eingeschätzt.
- Der fertige Antrag wurde vor Einreichung nicht noch einmal von allen Konsortiums-Mitgliedern kritisch geprüft.

Lediglich aus übergeordneter Sicht wurden keine Versäumnisse benannt, wobei dort als entscheidender Erfolg genannt wird, dass Hamburg den Antrag gewonnen hat.

Pluspunkte

Als Pluspunkt wird durchgängig der Wille genannt, etwas Großartiges und Innovatives umzusetzen. Das Engagement für die Ideen und die Entwicklungsimpulse, die durch das Projekt ausgelöst wurden, werden ebenso angeführt wie der Wandel zu einer positiven Einstellung zu Veränderung. Der Bezirk des Projektgebietes nimmt als erster Bezirk aktiv an einem derartigen Forschungsprojekt teil.

Der Antrag wurde gewonnen und Hamburg ist Lighthouse City. Die Themen Energieeffizienz und erneuerbare Energien sind bei den BürgerInnen und im Senat angekommen.

Empfehlungen

„Ein bisschen genauer hingucken." (E3-N2, Zeilen 325-326)

Die Interviewten haben als Empfehlungen im Wesentlichen die Durchführung der o.g. Versäumnisse aufgezählt.

Eine strategische Empfehlung für künftige Anträge ist die Staffelung der Vorhaben:

> „Man sollte auf jeden Fall drauf achten, dass die einzelnen Partner verschieden gestaffelte Aktionen haben: Einige, die sie sofort und schnell umsetzen können, damit das Projekt ins Laufen kommt. Dann einige, die vielleicht irgendwie so ein bisschen schwieriger oder langfristiger umzusetzen sind. Und dann eins, zwei - aber nicht überwiegend Aktionen, die dann eben so wirklich Raketentechnik sind, die kommen oder nicht kommen, die vielleicht den Antrag aber stützen und ihn durchbringen."
>
> (E2-N1, Zeilen 188-193).

Dabei sollten die angestrebten Ziele *„ambitioniert sein* [Ergänzung: um den Antrag zu gewinnen] *aber nicht illusorisch"* (E5-N3, Zeilen 257-258), was eine realistische Risikobewertung voraussetzt.

Zudem sollten die Aktionen an sich klarer strukturiert sein: Es wäre wünschenswert, dass voneinander abhängige Komponenten in einer gemeinsamen Aktion gebündelt und gegen andere Aktionen abgegrenzt werden, damit bei Problemen in einer Aktion nicht andere Teilziele in Mitleidenschaft gezogen werden.

Für kleine Unternehmen wird empfohlen, nur gemeinsam mit einem starken Partner gemeinsam in die Verantwortung zu gehen.

Sonstiges

Allgemein wurde der Zeitraum, der für die Umsetzung zur Verfügung steht, als zu knapp bemängelt. 36 Monate ist für städtebauliche Vorhaben extrem kurz. Besonders, da bei Antragstellung die Bauvorhaben noch nicht mal ausgeschrieben sein dürfen. Das wird durch die Förderbedingungen bei technischen Investitionen noch verschärft:

> „Die ist ja gar nicht so gering. 70 % ist ja schon relativ hoch. Aber, wenn man sich bei der Technik, und das ist ja, wenn man in so einem Umsetzungsprojekt - einem Pilotprojekt viel Technik - vom Engineering konnte man ja viel machen. Aber diese Technik - Eisspeicher - die sind teuer. Wenn man da dann nur 70 % der jährlichen Abschreibungsquote innerhalb der Projektlaufzeit, dann ist das sehr wenig, wenn man sich dann noch mal überlegt, dass man nicht von Anfang an, innerhalb vom ersten Jahr investiert, sondern vermutlich erst im letzten, dann ist das 'ne Farce."
>
> (E1-N2, Zeilen 377-383).

3.2.2 Diskussion zu wesentlichen Aspekten der Projektvorbereitung

Insgesamt scheint die Projektvorbereitung zumindest für die jetzt krisenhaften Ziele der schwächste Punkt des gesamten Projektes zu sein. So zeigt sich beim derzeitigen Amendment-Prozess, dass die Dokumentation zu den getroffenen

Annahmen lückenhaft ist. Nicht zuletzt durch die Konstellation mit externen Dienstleistern, die Zweifel am Erfolg des Antrags und Unerfahrenheit sind gemäß den Aussagen zumindest für die fraglichen Aktionen die grundlegenden Analysen des Projektmanagements unterblieben.

Dazu kommt die Dynamik des Gruppendenkens: Die an der Planung beteiligten Personen/Gruppen waren in hohem Maße von ihrem Plan überzeugt z.B. *„Diese ursprüngliche Haltung, dass wir da reingegangen sind, war völlig größenwahnsinnig."* (E1-N2, Zeilen 87-88) und haben sich gegenseitig bestätigt. Daher wurde z.B. die Möglichkeit, dass ein rein profitorientierter Investor einen ganzen Block zu Fall bringen könne, nicht bedacht. Die Entscheidung für die einzelnen Vorhaben wurde vom Engagement und der Begeisterung für die Sache geprägt. Die Teilnehmenden haben sich überoptimistisch bis euphorisch in das Projekt gestürzt. Dem Wunsch, etwas Großartiges umzusetzen und ein Lighthouse-Projekt nach Hamburg zu holen, wurde die kritische Prüfung der Realisierbarkeit der einzelnen Vorhaben geopfert.

3.3 Hauptkategorie 3: Moment der Krise

Dieser Punkt bezieht sich auf das Scheitern eines innovativen Herzstücks des Projektes für Hamburg durch die Absage des Investors, der die betreffenden Gebäude im Projektgebiet baut. Die Ergebnisse der Subkategorien wurden hier aufgrund geringer neuer Erkenntnisse zusammengefasst.

3.3.1 Ergebnis der Interviews zum Moment der Krise

Die Aussagen zur persönlichen Reaktion bei den Verantwortlichen für die betroffenen Aktionen variieren sehr, von *„super frustrierend"* (E1-N2, Zeile 200) bis *„Das haben wir relativ unemotional wahrgenommen."* (E2-N1, Zeilen 225-226). Von einem Interviewten wurde ein Gefühl der Hilflosigkeit als besondere Belastung beschrieben: *„Was mich sehr beansprucht hat, war dieses Gefühl: Ich bin hier mit verantwortlich in einer Projektgruppe und habe aber keine Möglichkeit, diese defizitäre Situation in irgendeiner Form zu beeinflussen. Ich kann nichts tun!"* (E4-N1, Zeilen 319-322). Im Team gab es *„keine Schockwellen"* (E3-N2, Zeile 85), allerdings zeitweise ein spürbares *„etwas hilfloses Dahintreiben"* (E4-N1, Zeile 365).

Die Empfehlungen werden im Gedanken an das Scheitern noch einmal auf sorgfältige Formulierung in Projektanträgen gelenkt:

> „Da kann ich sagen: Wir tun folgende Dinge..., mit denen möchten wir Folgendes erreichen - die Verdopplung der Sanierungsquote - das ist die Methodik, mit der wir das nachhalten werden. Und dann gucken wir mal, ob wir das geschafft haben, oder nicht. Das kann ich alles machen. Aber ich kann mich halt nicht hinstellen und sagen: Wir sanieren soundso viel Gebäude, wenn das gar nicht meine Gebäude sind."
>
> (E4-N1, Zeilen 408-412).

In unterschiedlicher Form wird von den Interviewten darauf verwiesen, dass man gerade aus Fehlern besonders viel lernt.

3.3.2 Diskussion wesentlicher Aspekte Moment der Krise

An dieser Stelle ist die vorbildliche Haltung der Hamburger Projektleitung und des gesamten Teams herauszustellen: Trotz der Probleme bleibt der Umgang miteinander sehr nett und die Zusammenarbeit positiv und zielorientiert. Jeder versucht etwas zur Lösung beizutragen.

Zu erwähnen ist auch, dass ein Teil der Interviewten sogar in der gerade schwierigen Lage das Gute im Schlechten sehen: die steile Lernkurve, die sich aus den Folgen der Anfangsfehler ergibt.

3.4 Hauptkategorie 4: Fortführung des Projektes

Nur drei der fünf Interviewten haben eine allgemeine Einschätzung zur Fortführung des Projektes gegeben: durchgehend positiv. Sie gehen davon aus, dass das Projekt über den Berg kommt und erfolgreich abgeschlossen wird: *„... das wird alles gut werden."* (3-N1).

3.4.1 Ergebnis der Interviews zur Fortführung des Projektes

Nächste Schritte

Nachdem sich herausgestellt hatte, dass die Aktion 13 mit dem Wärmenetz nicht umgesetzt werden kann, wurde eine Bestandsaufnahme durchgeführt, um herauszufinden, welche Aktionen von der Entscheidung betroffen waren und was das für das Investitionsbudget und die eingeplanten Ressourcen bedeutet. Auf dem nächsten periodischen Treffen in Helsinki wurde das Problem dann der internationalen Leitstelle mitgeteilt und vereinbart, dass alternative Aktionen entwickelt werden.

Im Team Hamburg begann nach einer Phase der Lähmung die Suche nach alternativen Aktionen. Der Energiecampus der HAW z.B. entwickelte neue Kopplungsmöglichkeiten der vorhandenen Anlagen.

Daraufhin wurde mit anderen Investoren Kontakt aufgenommen, um alternativ mit ihnen Teile der innovativen Ideen umzusetzen, was sich wg. des Zeitdrucks (bis Nov. 2019 muss gebaut sein) als schwierig herausstellte. Doch inzwischen wurden einige Ideen entwickelt. Diese werden jetzt ausgearbeitet und dann als Amendment (Zieländerungsantrag) eingebracht.

Risiko für die erfolgreiche Fortführung des Projektes

Als finales Risiko besteht die Ablehnung der im Amendment (Zielveränderungsantrag) beschriebenen alternativen Aktionen durch die EU und der Abbruch des Projektes bzw. seine Rückabwicklung. Die Wahrscheinlichkeit dafür wird in den Projektsitzungen aufgrund der gesammelten Erfahrungen aus anderen Lighthouse-Projekten und deren Problemen als gering eingestuft.

Als real und problematisch wird dagegen die erfahrungsgemäß lange Bearbeitungszeit von Veränderungsanträgen durch die Entscheidungsinstanzen der EU eingeschätzt. Denn erst nach Annahme dieser Anträge besteht Rechtssicherheit; erst dann dürfen Ressourcen für die neuen Tätigkeiten verwendet werden. Das führt zu dem zweiten sehr realen Problem, der immer kürzer werdenden Zeit für die Umsetzung.

Empfehlungen für einen erfolgreichen Projektabschluss

Ein Experte spricht sich ganz deutlich für Klarheit und Stringenz sowie schnelle Klärung von Fragen aus. Seine Empfehlung für den Amendment-Prozess lautet: *„Aufräumen!"* (E4-N1, Zeile 718).

Weitere benannte Erfolgsfaktoren sind:

- Ausweitung des Projektgebietes, um zusätzliche Gebäude und Infrastruktur einbeziehen zu können
- Maximale gegenseitige Unterstützung
- Maßnahmen, die kurzfristig mit vertraglicher Regelung ohne aufwendige (behördliche) Genehmigungen umsetzbar sind
- Fokussierung auf das Wesentliche
- Gutes Ressourcen-Management

3.4.2 Diskussion zur Fortführung des Projektes

Die erforderlichen Schritte sind eingeleitet. Ja, es besteht durchaus ein – wenn auch geringes – Risiko, dass das Amendment abgelehnt wird. Auch diese Entscheidung hängt letztendlich wieder von Externen, nämlich den EU-Project-Officers ab. Die Team-Mitglieder können nur ein möglichst gutes Amendment schreiben, sich an die vorgenannten Empfehlungen aus den Punkten 3.2.1 und 3.4.1 halten, und insbesondere daran, Klarheit zu schaffen, aufzuräumen, sich auf das Wesentliche zu konzentrieren und alles andere beiseite zu schieben, bis die alternativen Aktionen auf einem guten Weg sind.

Das Projekt hat einige wesentliche Fortschritte angestoßen, die sich mittlerweile vom Projekt unabhängig weiterentwickeln: Das Wohnquartier wird gebaut, die Busflotte des Nahverkehrs und die städtische PKW-Flotte werden auf Elektromobilität umgestellt. Das Innovationsnetzwerk Energie ist entstanden, in dem sich Investoren, Behörden und Energieunternehmen in einem kreativen Dialog austauschen, ein neues Gewerbegebiet mit Schwerpunkt Forschung und Entwicklung wurde ausgeschrieben und die Forderungen nach Berücksichtigung hoher energetischer Anforderungen in Neubauprojekten werden in einem Energie-Fachplan für die Baubehörde entwickelt.

Diese positiven Folgen des Projektes fördern trotz der Krisen bei den Beteiligten das Gefühl des Gelingens. So antwortet ein Interviewter auf die Frage nach dem Risiko: *„Ich teile die Fragestellung nicht. Ich würde zwar gerne drauf antworten, aber für mich ist das Projekt ein Erfolg."* (E3-N2, Zeilen 274-275). Bei den Interviewten überwiegt die Überzeugung, dass das Projekt zu einem guten Abschluss kommt.

3.5 Hauptkategorie 5: Resümee der InterviewpartnerInnen

Im Resümee benennen die InterviewpartnerInnen überwiegend die bereits o.g. Punkte aus den Erfahrungen des Projektes. Eine zusätzliche Erkenntnis ist, dass das Projekt sehr Technik lastig ist. Der besonders wertvolle Erkenntnisprozess in Forschungs- und forschungsnahen Projekten wird zu wenig genutzt. Am Ende zählt bei msl, was gebaut wurde. Erfahrung, insbesondere aus Scheitern von Teilzielen spielt nicht nur keine Rolle, sondern Scheitern ist tabu. Deshalb gehen die Erfahrungen von Fehlern nicht in Folgeprojekte ein und es besteht die Gefahr, dass derselbe Fehler wiederholt wird. Ein Experte weist in seinem Abschlusswort deshalb explizit darauf hin, wie wichtig es ist, über Fehler zu reden und sieht daher auch die vorliegende Arbeit als wichtig an (E4-N1). Eine andere Aussage dazu lautet, dass EU-Projekte ganz viel bewegen und Menschen zusammenbringen – *"...und Scheitern gehört eben dazu"* (E1-N2, Zeilen 405-406).

Die Entwicklung möglichst werbeträchtiger Ziele durch Dienstleister, die nachher nicht für die Umsetzung in der Verantwortung stehen, hat massiv zu den Problemen beigetragen. Hier tritt eine Diskrepanz auf: Zum einen erhöht die professionelle Präsentation die Erfolgsaussichten des Antrags, zum anderen verursacht eine nicht ernsthaft durchgeführte Risikobetrachtung bereits im Vorlauf Probleme und trägt in hohem Maße zu möglichen Krisen bei. Die Folge für die Projekt-Teams sind unnötiger Frust, Mehrarbeit und ein hohes Stresslevel.

Ein Experte beschreibt ergänzend das Dilemma, in das sich die Antragsteller dieser Art von EU-Projekten begeben:

> „Das ist ein Webfehler im Rahmen der Projektkonstruktion. Die Projektkonstruktion setzt voraus, dass bei der Antragstellung die Projektarbeiten nicht begonnen worden sind. Als Beginn der Projektarbeiten gelten aber alle Planungsleistungen. Also alle verbindlichen Planungsleistungen sind Beginn der Projektarbeit. Und in einer solchen Situation kann man eben tatsächlich, wenn man eben nicht weiß, was wirklich gebaut wird, wenn also die Planung noch nicht abgeschlossen ist, sehr schwer nur garantieren, dass das was man da denkt, was man denn tun will, auch nachher wirklich gebaut wird. Gleichzeitig ist man aber, wenn man denn den Antrag gewinnen will, gegenüber konkurrierenden Antragstellern, mehr oder weniger gezwungen, etwas besonders Schönes zu präsentieren, das dann auch gerne bewilligt wird."

(E4-N1, Zeilen 105-140).

4 Ergebnisdiskussion und Ableitung von Schlussfolgerungen für zukünftige Projekte

In diesem Kapitel werden die Forschungsfragen mit den Ergebnissen aus den Analysen des Projektmanagements und den Aussagen der ExpertInnen beantwortet und Empfehlungen für die Vorbereitung zukünftiger Projekte und die Fortführung von msl diskutiert.

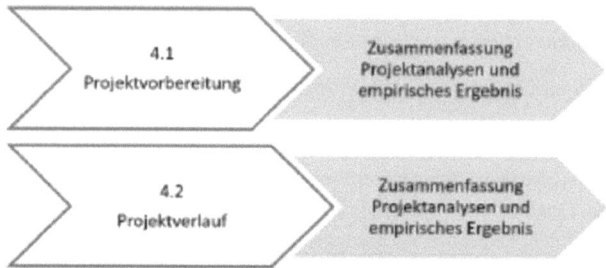

Abb. 4. 1 Aufbau Kapitel 4 - Ergebnisdiskussion

4.1 In der Projektvorbereitung

Wie sind Krisen bei der Fortführung dieses und bei künftigen Projekten vermeidbar?

Mit einer sorgfältigen Projektvorbereitung wären die Krisen im untersuchten Beispiel grundsätzlich vermeidbar gewesen. Ursache des Scheiterns der analysierten Aktion war eine Investorenabsage (Stakeholder). Bei Hillberg (Kapitel 1.2) ist die Stakeholder-Analyse Teil der Projektorganisation (Schritt 7) und fließt damit in das Risikomanagement ein. Meyer/Reher (2016) berücksichtigen die Stakeholder bereits in der Initiierungsphase und nehmen eine umfangreiche Stakeholder-Analyse im Projektauftrag (entspricht dem Projektantrag bei Hillberg) vor.

Freitag verortet sie dagegen, wie in Kapitel 1.2 beschrieben, erst nach dem Nachweis der Machbarkeit. Bei dieser Vorgehensweise wäre das Risiko erst nach Beantragung des Projektes und Genehmigung durch die EC deutlich geworden.

Eine Risikoanalyse mit Stakeholder-Analyse wurde von den interviewten ExpertInnen als unverzichtbar benannt. Bei Projekten wie dem untersuchten EU-Projekt sollten diese Analysen wg. der engen Vertragsbindung mit der EC und dem Konsortium vor der Einreichung des Projektantrages durchgeführt werden.

Hier sei zudem an die Studie der Universität Hohenheim (Kapitel 1.2) zum Planungsverhalten im Projektmanagement erinnert, die in der Risikobewertung den einzigen Weg zu einer realistischen Erfolgseinschätzung sieht (Büttgen, 2013) ... und evtl. die überoptimistische Bewertung im unter 3.2.2 beschriebene Gruppendenken, reduziert.

Wenn man den Projektverlauf über die drei Lighthouse-Cities betrachtet, so wird die Wichtigkeit der Stakeholder für diese Projekte noch deutlicher. Während auch in Nantes die Absage eines Investors über die abhängigen Teilziele entschieden und diese in eine Krise geführt hat, laufen die Aktionen gut, bei denen das Team-Mitglied selbst Eigentümer der Ressourcen ist.

Kommunikation ist ein Erfolgs- oder eben Misserfolgsfaktor im Projektmanagement (Freitag, 2016). Die ExpertInnen äußerten, dass mit guter Kommunikation die Nachteile der Erstellung des Projektantrages durch externe Dienstleister vermeidbar wären. Sie halten einen intensiven Austausch, eine fundierte Risikoanalyse als Auftragsbestandteil und die gemeinsame Verabschiedung des Projektantrags für die Grundlage des Projekterfolgs. Besondere Aufmerksamkeit gilt der Zielformulierung: Sie sollte ausreichend präzise für eine Evaluation sein und gleichzeitig ein notwendiges Maß an Flexibilität bieten, um auf äußerliche Hindernisse angemessen reagieren zu können.

Für zukünftige kombinierte Projekte ist die von einem Experten vorgeschlagene Staffelung der Ziele als Strategie zu überlegen: Eine Kombination aus je einem Drittel einfacheren direkt umsetzbaren Aktionen, Aktionen mittleren Schwierigkeitsgrades und hochinnovativen Aktionen, um einerseits schnell etwas zum Vorführen zu haben und andererseits mit reizvollen Ideen die Annahmewahrscheinlichkeit zu fördern.

Insgesamt ergeben sich aus den in den Interviews aufgeführten Versäumnissen folgende Empfehlungen:

- Durchführung einer Risikoanalyse für jedes Teilziel z.B. SWOT-Analyse, insbesondere Prüfung auf Abhängigkeiten von äußeren, nicht durch das Projektmanagement beeinflussbarer Umstände
- Durchführung einer Stakeholder-Analyse und Stakeholder-Management
- Bewertung aller Ziele auf technische, kostenmäßige und terminliche Umsetzbarkeit; dazu gehört die Verifizierung der zugrunde gelegten Annahmen

- Gemeinsame Antragsprüfung, -bewertung und -verabschiedung durch alle Mitglieder des Konsortiums vor seiner Einreichung
- Erstellung eines Netzplanes, der gegenseitige Abhängigkeiten offenlegt
- Festlegung von Meilensteinen
- Einrichtung eines projektbegleitenden Risikomanagements
- Entscheidende Investoren z.B. Baufirmen, die nicht Projektteilnehmer sind, werden von Anfang an in die Pläne einbezogen und z. B. mit einem Letter of Intent auf die sie betreffenden Komponenten des Projektes verpflichtet – oder ...
- ... es werden vorab (baurechtlich) bindende Vorgaben festgelegt.

Hinweis: Bei einem derart großen und komplexen Projekt sind die Entwicklung und Formulierung der Ziele, die fundierte Prüfung der Realisierbarkeit sowie die Erstellung und Einreichung des Projektantrages sinnvollerweise schon als Projekt zu behandeln, dessen Ziel heißt: Unser Antrag wird angenommen! Diese Einstellung fördert eine ernsthafte Prüfung der Zieldefinitionen und klärt auch die in den Interviews aufgedeckte Diskrepanz der verdeckten Ziele zwischen Politik und Projekt-Team: Hamburg soll Lighthouse-City werden vs. die erfolgreiche Umsetzung innovativer Entwicklungen. Wenn jeder weiß, was der andere will, können die richtigen Fragen gestellt werden.

Ein weiterer entscheidender Faktor ist das Team. Für Projekte sollte es multidisziplinär aufgestellt sein, aus Menschen mit verschiedenen Erfahrungshintergründen bestehen, die kommunikativ, kooperativ und am Projekt interessiert sind. Wichtig sind gerade in schwierigen Situationen ein positiver Umgang und gegenseitiger Respekt. Alle gerade genannten Aspekte treffen auf das Hamburger msl-Team zu!

4.2 Im Projektverlauf

Wie kann mit Krisen im Projektmanagement konstruktiv umgegangen werden?

„Aufräumen!" (E4-N1, Zeile 718). Dieses Zitat einer interviewten Person trifft den wichtigsten Punkt. Das Paket muss aufgeschnürt und die Einzelteile begutachtet werden. Schadensfeststellung und Schadensbegrenzung sind für die ExpertInnen die ersten Schritte bei einer Krise im Projekt. Problematisch ist das Auftreten einer Lähmung bzw. unentschlossenes Dahintreiben. Damit wird gerade in eng limitierten Projekten wertvolle Zeit verschwendet, die dringend für die Entwicklung von

Alternativen gebraucht wird. Gefragt sind Transparenz und zügiges Reagieren. Wichtig im Krisenfall sind zudem:

- Transparente Kommunikation
- Austausch im Netzwerk
- Positiver Umgang miteinander und gegenseitiger Respekt
- Gegenseitige Unterstützung, Austausch von Ressourcen
- Suche nach alternativen Lösungen
- Überdenken der gesetzten Prioritäten
- Fokussierung auf das Wesentliche
- Gutes Ressourcen-Management
- Festlegen eines Abbruch-Kriteriums

Zudem werden eine positive Fehlerkultur und der offene Umgang mit Scheitern gefordert. Eine ExpertIn sah auch Gutes im Schlechten: *„Das ist eine Atmosphäre des großen Lernens."* (E1-N2, Zeilen 271-273). Der offene Austausch darüber, was gut läuft und was dagegen Probleme verursacht, trägt dazu bei, denselben Fehler nicht zu wiederholen, sondern Projekte mit innovativen Ideen zu gewinnen und möglichst in allen Teilzielen erfolgreich umzusetzen.

Gerade in Krisen ist das Projekt-Team als Kern für die Fortführung und den doch noch erfolgreichen Abschluss verantwortlich. Das Hamburger Team hat dazu die besten Voraussetzungen.

5 Rückblick und Ausblick

Im Rückblick werden wesentliche Erkenntnisse der Untersuchung als Schlaglichter kurz aufgeführt. Des Weiteren wird die angewandte Methode noch einmal reflektiert. Der Ausblick soll Anregungen zu weiterer Forschung geben und Konsequenzen sollen aus den Erkenntnissen dieser Arbeit gezogen werden können.

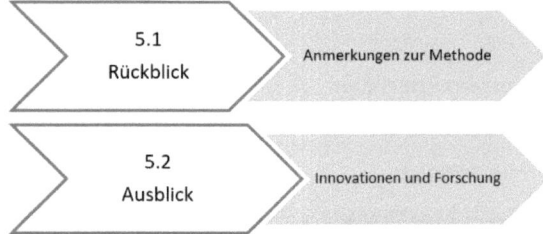

Abb. 5. 1 Aufbau Kapitel 5 – Rückblick und Ausblick

5.1 Rückblick

Ziel dieser Arbeit war es, anhand eines Beispiels herauszufinden, wie Krisen im Projektmanagement vermeidbar sind bzw. wie bereits entstandene Krisen konstruktiv gelöst werden können. Zu diesem Zweck wurden zunächst klassische Analysemethoden des Projektmanagements am Beispielprojekt angewandt. Aus den gewonnenen Erkenntnissen wurden die Forschungsfragen formuliert, der empirische Teil entwickelt und die Interviews durchgeführt. Zwei wesentliche Erkenntnisse aus der Untersuchung bestätigen die Fachliteratur im Projektmanagement:

- Eine sorgfältige Vorbereitung inkl. Risikoanalysen und einer ernsthaften Bewertung der Umsetzbarkeit gehören zu den besten vorbeugenden Methoden gegen Krisen im Projektverlauf. Dazu gehört auch die präzise Ausformulierung der Ziele.
- Systematisches Risikomanagement ist besonders in komplexen Projekten zwingend.

An dieser Stelle möchte ich die vorstehenden Erkenntnisse noch einmal betonen und dabei meine Erfahrungen aus früheren Projekten einbringen:

1. Die Risikoanalysen kommen oft zu kurz und das Risikomanagement wird als lästige Vorgabe oberflächlich abgehakt.
2. Ein großer Teil der aufgetretenen Krisen hätte mit einem guten Risikomanagement zumindest teilweise vermieden oder schneller gelöst werden können.

Zwei weitere wesentliche Erkenntnisse beleuchten den Hintergrund der Projektarbeit:

- Alle Beteiligten sollten sich über die primären Ziele einig sein und diese sollten offen liegen. Im Beispielprojekt gab es während der Vorbereitung unterschiedliche verdeckte Ziele: den Förderantrag gewinnen vs. innovative Lösungen umsetzen. Diese konkurrierenden Ziele wirkten sich negativ auf die Projektvorbereitung und die Erstellung des Antrags aus, da die Perspektive für das erstgenannte Ziel mit dem Zuschlag der Förderung und damit vor Beginn der eigentlichen Arbeit zur Umsetzung endete, dieses Ziel aber in der Projektvorbereitung dominant war und die Realisierbarkeit der innovativen Lösungen dadurch in den Hintergrund rückte.

Gute Zusammenarbeit und gegenseitiger Respekt sind gerade in schwierigen Situationen wichtig und helfen bei der Überwindung von Krisen in Projekten.

Zur Kritik an der vorliegenden Arbeit: Ein Ergebnis ist, dass der zulässige Umfang dieser Arbeit (max. 8800 Wörter) nicht für eine erschöpfende Beantwortung der Forschungsfragen ausreicht. So war eine intensivere Untersuchung projektimmanenter Risiken (z.B. Kostenrisiken) sowie deren Folgen und Vermeidung in diesem Umfang nicht möglich. Auch konnten verschiedene Aspekte nicht im von der Autorin für angemessen empfundenen Umfang dargestellt werden.

Des Weiteren führten die Fragen nach Versäumnissen und Empfehlungen jeweils für Vorbereitung und Fortführung des Projektes zu Doppelaussagen bzw. der Empfehlung, die Versäumnisse zu vermeiden. Hier hätte der Leitfaden straffer sein und es hätte stattdessen einen Bogen zu den Erfahrungen der Interviewten in anderen Projekten geschlagen werden können. Solch ein Verfahren hätte möglicherweise zu weiteren Erkenntnissen geführt. Ungeachtet dieser Mängel hat sich die Vorgehensweise insgesamt als schlüssig und zur Bearbeitung des Themas als gut geeignet erwiesen.

5.2 Ausblick

Da auch andere Lighthouse-Cities große Probleme bei der Umsetzung ihrer geplanten H2020-Aktionen haben, empfehle ich eine systematische Evaluation der Förderprojekte bezüglich Erfolge, Misserfolge und Risikomanagement. Die Ergebnisse können dazu beitragen, die Erfolgsquote trotz hoher innovativer Anforderungen zu erhöhen. Auch würde dabei geklärt, wie der Antragsprozess erfolgsorientiert verbessert werden könnte.

Generell ist sicher auch eine weiterführende Untersuchung von Interesse, die Krisen durch projektinterne Faktoren wie Kostenüberschreitung, Zeitverzug und Qualitätsmängel daraufhin untersucht, inwieweit die Gefahren in der Projektvorbereitung im Rahmen von Risikoanalysen qualifiziert wurden. Hier sei noch einmal auf die in 1.2 erwähnte Studie von Engel et. al (2008) zu den internen Merkmalen für Erfolg bzw. Misserfolg in Projekten erwähnt.

Ein dritter Punkt richtet sich an die Politik: In diesem Projekt sind Teilziele in Nantes und Hamburg gescheitert, weil Investoren und Hauseigentümer nicht bereit waren, im Interesse von Energieeffizienz und Umweltschutz auf einen Teil ihrer Profite zu verzichten. Im Interesse des Klimaschutzes sollte geprüft werden, wie im Neubau zügig die zum Klimaschutz erforderlichen hohen Energiestandards flächendeckend aber mieterfreundlich realisiert werden können.

Anhänge – Zusatzinformationen, Grafiken und Tabellen

Anhang A: SMART-Kriterien zur Zielbeschreibung

Gemäß der SMART-Formel zur positiven und motivierenden Zieldefinition soll die Formulierung der Ziele fünf Kriterien genügen:

S	→	Spezifisch (Ein Ziel soll konkret, eindeutig und präzise formuliert sein.)
M	→	Messbar (Ein Ziel soll überprüft werden können.)
A	→	Aktivierend (Ein Ziel soll eine positive Veränderung beschreiben.)
R	→	Realistisch (Ein Ziel soll zwar hochgesteckt, aber selbsterreichbar sein.)
T	→	Terminiert (Ein Ziel soll einen festen Endpunkt beinhalten.)

Anhang B: Auszug der Aktionsliste von msl – Hamburg

Der Auszug listet einen Teil der Hamburger Aktionen – Actions – Teilziele von mySMARTLife mit Kenn-Nummer und Bezeichnung auf

Action Number	Action Name
1	"Schleusengraben" new construction programme
2	Bergedorf-Süd Retrofitting project
3	Smart home assistant in retrofitted area and new construction area (150 units)
4	Hybrid PV and Wind turbines and Heat Pumps
5	PVs on roofs
6	Solar Thermal
7	Home batteries for self-consumption
8	Heating storage for load balancing, Buffer tank
9	Smart Energy control in Smart Heating Islands
10	Smart Meters. Rollout of 2000m Me's and 200m Me's with an inhouse visualization
11	Advanced smart meters iMSys's in 500 units (zones 1 & 2)
12	Multi-Metering
13	Low-Ex Temperature with Biomethane CHP and Solar Energy District Heating for Zone 1
14	Smart heating islands in Retrofitted area of Bergedorf-Süd (Zone 2)
15	Smart Street lighting
16	Humble lamppost
17	Large scale Solar Plant and Wind Turbines
18	Biomethane CHP and Solar Energy to supply Low-Ex
19	District Cooling storage (ice cooling)
20	Decentralised battery solution
21	Electrification of bus lines with 10 new e-buses
22	Electrification of public vehicle fleet (25 e-cars, 35 e-bikes, 10 last mile people movers)
23	15 e-cars and 15 e-bikes for e-community fleet sharing for new residential buildings
24	Charging Infrastructure for electric buses
25	Fast charging stations
26	Charging infrastructure for intermodal concept in Hamburg
27	Charging infrastructure for residential quarters with 10 flexible charging points
28	Clean energy charging stations connected to Energy Campus
29	Measurement and simulation of impact on electricity grid and environment
30	Load Management
31	Introduction of a universal trunk delivery concept with mobile access
32	Pedestrian and bicycle connections
33	Introduction of e-community fleet sharing concept for new residential buildings (peer-to-peer car sharing and e-bike sharing)
34	Multi-modal use of available transportation methods
35	Parking space detection at charging points
37	Development of structural and economic policies

Anhang C: Prozessgruppen im Zeitverlauf

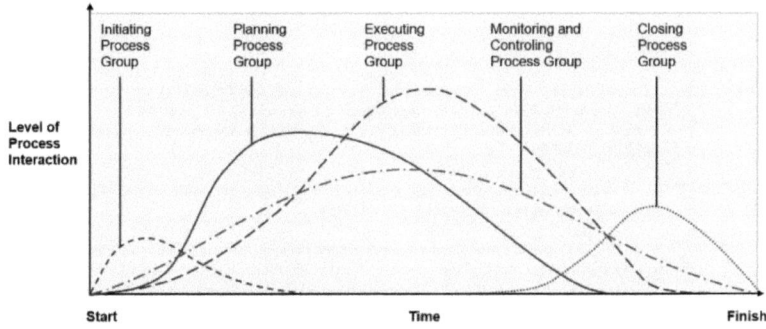

Abb. „Der Prozessgruppen im Zeitverlauf nach PMI 2013a"
Quelle: Freitag, 2013, S. 167

Anhang D: Screenshots der Transkripte

Einstieg jeden Original Transkriptes als Screenshot

---

transskript-20180827-161057-SD-final.docx   1

1 … das hat sich jetzt in den ersten 18 Monaten gezeigt und mein Ziel ist jetzt, bei dieser Arbeit
2 herauszuarbeiten, nicht warum das gescheitert ist oder woran - die Ursachen kennen wir…,
3 sondern wie wurde damit umgegangen und wie kann man sowas beim nächsten Mal verhin-
4 dern? #00:00:42-6#
5
6 I: … dazu habe ich eine Einstiegsfrage: wie gerade dein Thema bei mySMARTLife ist und wie
7 dicht du da überhaupt noch dran bist. #00:00:57-5#
8
9 B: Ja, ich bin ja noch Vorstand in der E. und da habe ich erst mal eine funktionale Nähe dazu,
10 da ich das zusammen mit Ma. verantworte. In der inneren Aufgabenverteilung war es aber in
11 der Tat so, dass Ma. mySMARTLife komplett unter sich hatte, weil er meint, er mehr zeitliche
12 Kapazitäten hatte aber auch weil wir ja N. als Projektpartner mit an Bord geholt haben an
13 einem ziemlich frühen Zeitpunkt, und es mir sehr wichtig war, da in keinen Zielkonflikt zu kom-
14 men. Das heißt, dass ich auf Seiten N. darauf geachtet habe, dass die Kooperation läuft, und

---

transskript2-20180829-141919-M-final.docx   1

1 #00:01:02-7#
2
3 I: Was ist gerade dein Thema bei mySMARTLife? #00:01:02-9#
4
5 B: Ich bereite ja gerade das nächste Meeting vor. Ähmm, unter anderem, nachdem wir das
6 technische Reporting geschrieben haben, kommen jetzt die Präsentationen der Fortschritte,
7 und auch der Schwierigkeiten. Die bereite ich jetzt vor für die Leute, die da vortragen werden.
8 Neben den ganzen Rahmenorganisationen des Meetings von Busorganisation und Essensor-
9 ganisation, alles Mögliche und genau. Wir sind ja Projektkoordination, ja. Und das ist im Mo-
10 ment unser Hauptthema. #00:01:39-4#
11
12 I: Und welche Rolle spielst du sonst so im Projekt? Du bist ja auch für den Energiebereich mit
13 verantwortlich oder verantwortlich für Bergedorf? #00:01:51-2#
14
15 B: Ah ja, ansonsten vertrete ich halt den Projektpartner Bergedorf in den Aktionen, die Ber-
16 gedorf da drin hat, und wir machen natürlich die… die… koordinieren den Hamburger Teil.
17 Eigentlich, das ist ja Work Package 3: Umsetzung der Aktionen vor Ort. Aber, realistisch ma-
18 chen wir auch in ganz vielen anderen Work Packages immer wieder die Funktion zwischen

---

transskript3-20180831-142801-E-final.docx   1

1 #00:00:32-7#
2
3 I: Wir wollen einfach herausarbeiten, welche Folgen das Scheitern hat, wie damit konstruktiv
4 umgegangen werden kann und wie die Risiken, die dazu führten in künftigen Projekten zu
5 minimieren sind. Das ist der Anspruch dieser Arbeit. Ja, dann würde ich gerne anfangen mit
6 der Einstiegsfrage: Was ist gerade dein Thema beim mySMARTLife? #00:00:56-9#
7
8 M.   Mein Thema ist bei… jetzt in diesem Moment oder generell? #00:01:06-0#
9
10 I: … in dieser Phase jetzt gerade. #00:01:07-3#
11
12 M.   Eine sehr zurückgenommene, das heißt ich bin im Grunde nur Ratgeber, wenn es um
13 strategische oder um Budgetfragen geht. Operativ macht das unsere Projektleiterin.
14 #00:01:27-7#
15

Anhänge – Zusatzinformationen, Grafiken und Tabellen

transskript4-20180903-143819-S-final.docx   1

1 Anm: Aus Gründen der Lesbarkeit wurden „ähm´s usw. gelöscht - DW
2 #00:00:42-0#
3
4 I: Was ist gerade Ihr Thema bei mySMARTLife? #00:00:46-3#
5
6 H. Also mein Thema bei mySMARTLife ist, ... - ich hätte beinahe gesagt gewesen - weil wir im
7 Rahmen dieses zweiten Amendments tatsächlich auch meine Rolle verändern oder unsere
8 Rolle hier der H. verändern, aber ich bleibe also einfach mal - das ist ja nicht durch, das haben
9 wir ja erst vor - also bleibe ich einfach mal bei der ersten Rolle. Im Rahmen dieser ersten Rolle
10 erarbeitet die HAW unter meiner Leitung in dieser Arbeitsgruppe Möglichkeiten um Strom-
11 verbraucher und Stromerzeuger so zu betreiben, dass sie möglichst netzdienlich betrieben
12 werden. Möglichst netzdienlich heißt, wenn immer dann Stromverbraucher an sind, wenn wir
13 viel Strom aus erneuerbaren Energien haben, und immer dann Stromerzeuger auch, also zu-
14 sätzliche Stromerzeuger wie Blockheizkraftwerke, die ja noch mit fossilen Brennstoffen lau-
15 fen, aus sind und anders herum, möglichst wenn wenig Strom aus erneuerbaren ist, möglichst
16 wenig elektrischer Verbrauch, und dann aber auch bitte Einspeisen aus den Blockheizkraft-
17 werken. Und die Frage, die sich eben im Rahmen von mySMARTLife stellte, insbesondere in
18 der ursprünglichen Version der Planung der Energieversorgung am Schleusengraben, in den
19 Neubaugebieten mit der Vielzahl von Komponenten, die da vorgesehen waren, im low-ex
20 Nahwärmenetz eben: wann machen wir was an und was aus, damit es dann auch dann auch
21 netzdienlich betrieben wird, und die Aufgabe, das war am Rand und dann kamen noch ein
22 paar andere Dinge dazu, aber im Wesentlichen ist das der Kern.   #00:02:32-4#
23

transskript5-20180907-101526-J-final.docx   1

1 #00:00:49-4#
2
3 I: ... So, die Einstiegsfrage: Was ist ihr Thema bei mySMARTLife? Welche Rolle haben Sie da?
4 #00:00:54-7#
5
6 J: Zum einen hatte ich eine Rolle. Ich hatte die letzten drei Jahre bevor mySMARTLife bewilligt
7 worden ist, das Vergnügen, die beiden Vorläuferanträge und dann auch den Antrag der für
8 mySMARTLife dann zum Erfolg führte, zu entwickeln. #00:01:13-1#
9
10 I: Ja. #00:01:13-1#
11
12 J: Ähm, der erste Antrag im Jahr 2014 angefangen, 15 gestellt landete damals noch mit dem
13 Konsortium Nantes - Kopenhagen - Hamburg unter der Koordination von Kopenhagen, ich glaub
14 auf Platz 20 von 40 Bewerbern. Der zweite Antrag dann ebenfalls mit Kopenhagen, tatkräftig
15 unterstützt von einem professionellen Consultant Büro wurde Fünfter, vier wurden gefördert
16 und wir haben uns dann entschieden als Kopenhagen ausgestiegen war, mit der Stadt Helsinki
17 ins Boot..., an Start zu gehen, haben dann auch die Koordination einem anderen Koordinations-
18 büro, den Kollegen aus Spanien zu überlassen, die dann nochmal auf den Erfahrungen der ge-
19 scheiterten Anträge aufgebaut haben, mussten dann natürlich mit dem neuen Partner auch
20 neue Inhalte einbauen. Als der Antrag dann abgegeben worden ist, ist das bei Funkstille, meine
21 Funktion hier in der Senatskanzlei ist, Nachfolgeprojekte zu generieren, nicht nur auf
22 mySMARTLife, sondern andere Horizon-Projekte und dann, wenn es an die eigentliche Arbeit in
23 mySMARTLife geht, werden die Profis 'ran müssen, die das mit Inhalt füllen. Ich habe auch in
24 der Entwicklungsphase ganz banale Sachen von..., von den mit dem Thema Beschäftigten - wel-
25 che k-Werte habt ihr, welche Netze - einfach nur genommen und weitergeleitet. Themen, die
26 so speziell sind, dass ich sie gar nicht bearbeiten kann. Meine Spezialität ist, Logik von Projekten

Anhang E: Struktur und Definition der Kategorien

Die Spalte Ankerzitate enthält redigierte Aussagen der ExpertInnen aus den Interviews mit der unter 2.2.5 beschriebenen Kennung

Hauptkategorie	Subkategorie	Definition	Ankerzitat
Allgemein	Rolle	Aussagen zur jeweiligen Rolle der ExpertInnen im Projekt	E3-N2, Zeilen 12-13: Ich bin im Grunde nur Ratgeber, wenn es um strategische oder um Budgetfragen geht.
	Projekt	Einschätzung des Projektes im Ganzen u.a. mit ☹ 😐 🙂 Smilies bewertet	E4-N1, Zeilen 752-753 & 758: Das ist kein Projekt, das man verwalten kann, dafür muss zu viel tatsächlich praktisch passieren. Und bis jetzt ist ja gar nichts passiert ... oder sehr wenig.
	Stärken und Schwächen des Teams	Aussagen zur Zusammenarbeit im Konsortium Hamburg	E4-N1, Zeilen 743-744: Dann finde ich, dass die Atmosphäre der Zusammenarbeit aber trotz dieses totalen Tohuwabohus nicht dauerhaft negativ gestört, sondern ganz positiv ist.
			E2-N1, Zeilen 45-48: Bei uns liegt eine gewisse Unerfahrenheit in solchen EU Projekten, bei fast allen Partnern ist es das erste Horizon 2020-Projekt und auch das erste internationale, und auch alle haben gesagt, auch das erste, das so groß ist.

Projekt-vorberei-tung	Allgemein	Bewertung der Vorbereitung anhand der Smilies und allgemeine Aussagen	E1-N2, Zeilen 93-94: Ich habe das nicht so ernst genommen, weil ich dachte, das gewinnen wir sowieso nicht. E2-N1, Zeilen 78-83: Der negative [Smiley], weil viele Probleme aus dieser Projektvorbereitung resultieren. Es war einfach so, dass die meisten nicht die nötige Zeit hatten, um sich wirklich auf dieses Projekt vorzubereiten.
	Zielentwicklung und -bewertung	Aussagen, die beschreiben, wie die Teilziele, also Ziele einzelner Aktionen entwickelt und darüber entschieden wurde	E2-N1, Zeile 88: Auch war da wieder die Unerfahrenheit der einzelnen Leute ein Problem. E3-N2, Zeilen 112-120: Wie wurde denn die Umsetzbarkeit des Projektes bewertet? [...] --- Also, optimistischer als es jetzt gelaufen ist. Deutlich optimistischer.
	Versäumnisse	Punkte, die in der Vorbereitung und Planung des Projektes wichtig gewesen wären aber unterlassen wurden	E3-N2, Zeilen 91-92: Es gab praktisch keine Vorgaben in städtebaulichen Verträgen oder im Baurecht. E2-N1, Zeile: 283: ... eine Risikoanalyse, das hätte man im Vorfeld schon mal machen sollen. Ja.
	Pluspunkte	Aussagen, was in der Projektplanung gut gelaufen ist	E1-N2, Zeile 111: Ich finde auch, dass wir sehr viel Flexibilität gezeigt haben
	Empfehlungen	Vorschläge und Empfehlungen, um Schwierigkeiten bei künftigen Projekten vorzubeugen	E3-N2, Zeilen 325-326: Ein bisschen genauer hingucken. E2-N1, Zeilen 188-193: Man sollte auf jeden Fall drauf achten, dass die einzelnen Partner, die müssen halt verschieden gestaffelte Aktionen haben...
	Sonstiges	Ergänzende Aussagen zu den Vorbereitungen des Projektes	E4-N1, Zeilen 197-199: Wir sind sehr optimistisch in der eigenen Wahrnehmung an den Antrag rangegangen – eine richtige Prüfung kann man das nicht nennen - und EU-seitig ist die Prüfbarkeit halt ein Problem.

Moment der Krise	Pers. Reaktion	Aussagen zur persönlichen Betroffenheit	E1-N1, Zeilen 200-201: Super frustrierend! Also ich war so frustriert, dass ich erstmal einen ganzen Tag gebraucht habe, um diese Information überhaupt weiter zu leiten.
	Reaktion im Team	Beschreibung der Reaktion des Teams in der Krise	E1-N2, Zeile 255: Das war schon konstruktiv; es gab aber einen Teil, der war etwas verschnupft.
	Empfehlungen, Vorschläge	Aussagen, was man hätte besser machen können	E4-N1, Zeilen 410-412: Aber ich kann mich halt nicht hinstellen und sagen: "Wir sanieren soundso viel Gebäude.", wenn das gar nicht meine Gebäude sind. E2-N1, Zeilen 234-235: Hätten wir es sofort erfahren, dann hätten wir vielleicht auch als Bezirk noch mal, irgendwie auf den Investor zugehen können.
	Sonstiges	Ergänzungen zum Moment der Krise	E1-N2, Zeilen 226: Es ging eigentlich nur um das Geld [Anm. der Autorin: Bei der Entscheidung des Investors]. E1-N2, Zeilen 271-273: das ist eine Atmosphäre des großen Lernens. Man ist da ja sehr, sehr intensiv dann dabei zu reflektieren und ich denke, dass man oft in solchen Situationen viel, viel mehr lernt als dann, wenn es flutscht.

Fortführung des Projektes	Einschätzung	Aussagen zu den Erfolgsaussichten des Projektes	E3-N2, Zeile 291: ... das wird alles gut werden. E5-N3, Zeile 417: Also ich sehe da keine grundsätzliche Projektkrise.
	Nächste Schritte	Was passierte nach der Absage dieses wichtigen Teilziels	E1-N1, Zeile 296: Die nächsten Schritte waren, dass wir uns mit L. zusammengesetzt haben E4-N1, Zeilen 438-439: Also im Team ist erstmal irgendwie relativ wenig passiert, außer, dass alle überlegt haben ... wir müssen mal gucken, was wir denn jetzt tun können.
	Risiko für die erfolgreiche Fortführung des Projektes	Aussagen zu Gefahren, die die Interviewten zur erfolgreichen Fortführung des Projektes sehen	E1-N2, Zeilen 317-318: Dass die EU uns die Gelder nicht bewilligt für die Fortführung des Projektes. Also, dass wir da nicht bis zum Ende alles versuchen, um noch etwas umzusetzen.
	Pluspunkte	Welche positiven Seiten hat das Projekt bzw. was wird für den Abschluss erwartet?	E2-N1, Zeilen 147-149: Bei der HAW tut sich durch das Projekt einiges, so dass der ganze Forschungsbereich da ausgebaut wird und bei uns im Bezirk auch landet.
	Empfehlungen für einen erfolgreichen Projektabschluss	Empfehlung an die Beteiligten, um das Projekt zu einem erfolgreichen Abschluss zu bringen	E2-N1, Zeilen 378-379: Da müssten alle noch mal gucken, ob sie nicht doch noch mal mehr investieren könnten in Bergedorf, in der Projektlaufzeit, ... E4-N1, Zeilen 717-718: Aufräumen, klare Empfehlung ist aufräumen!
Resümee	Lessons-learned	Aussagen zu Erkenntnissen aus dem Projekt, insbesondere aus den Krisen	E2-N1, Zeilen 350-353: Man hätte im Antrag eine bessere Risikobewertung jeder Action machen und jeder hätte was in der Hinterhand haben müssen, was man sofort macht, was dann mit wenig Risiko ist, einfach, damit man durcharbeiten kann in dem Projekt.
	Sonstiges, Abschluss	Verschiedene Gedanken zum Projekt, Schlusswort	E2-N1, Zeilen 413-414: Es ist überkomplex. Es sind zu viele Kleinigkeiten zusammengeknüpft worden. E1-N2, Zeilen 405-406: Und Scheitern gehört eben dazu.

Anhang F: Zusammenfassung der Expertenaussagen nach Subkategorien

Strukturierte Inhaltsanalyse

Diese Zusammenfassung basiert auf der Mastertabelle der Inhaltsanalyse, in der die redigierten Textstellen unter Angabe des Experten und der Zeilennummern den Subkategorien nachvollziehbar zugeordnet wurden. Daher und aus Gründen der Übersicht wurden hier nur in Ausnahmefällen Textstellen noch einmal zitiert.

Hauptkategorie	Subkategorie	Zusammenfassung der Aussagen
	Nähe zur operationellen Tätigkeit	Die Interviewpartner*innen sind unterschiedlich in das Projekt eingebunden, von direkter Mitarbeit und Verantwortung über Beratung und Koordination bis zur Distanz einer übergeordneten Leitstelle. Da sich in der Zusammenfassung zeigt, dass die Nähe bzw. Distanz zur operationalen Tätigkeit im Projekt einen Einfluss auf die Bewertung hat, wurde dieser Aspekt mit dem Faktor N (1 → operational im Projekt, 2 → beratend, 3 → distanziert) kategorisiert.
Allgemein	Rolle	-
	Projekt	☺ → 2 😐 → 1 ☹ → 2 [Ergänzung: Die Autorin plädiert für den mittleren Smiley.] Das Projekt im aktuellen Stand nach 20 von 60 Projektmonaten wurde sehr unterschiedlich beurteilt. Dabei zeigt sich eine generelle Begeisterung für das Projekt „Da sind so viele Innovationen und unter normalen Umständen unmögliche Dinge drin..."(E3-N2), aus der sich teilweise sogar den Stolz heraushören lässt, an einem so tollen Projekt mitzuarbeiten. Die Ideen und die innovativen Ansätze werden durchweg positiv bewertet. Der aktuelle Stand dagegen wird eher negativ eingeschätzt. Für die abgelaufene Zeit ist noch zu wenig passiert. Die Anfangseuphorie ist der Realität mit der Konfrontation mit unterschiedlichen Hindernissen, wie Lieferproblemen bei den E-Bussen und Absagen durch Investoren gewichen. Zudem ist eine Tendenz festzustellen, dass die Bewertung umso positiver ausfällt, je größer die Distanz zum Projekt ist. Das reicht von „Das ist kein Projekt, das man verwalten kann, dafür muss zu viel tatsächlich praktisch passieren. Und bis jetzt ist ja gar nichts passiert... oder sehr wenig." (E4-N1) über „Ich glaube, dass wir da sehr konstruktiv rangehen." (E1-N2) bis „Ganz klar, der smilende Smiley." (E5-N3).
	Stärken und Schwächen des Teams	Als besondere Stärken werden das positive Miteinander herausgestellt, das nicht durch die Probleme und Krisen im Projekt erschüttert wurde und das Bestreben, gemeinsam etwas zu erreichen. Dabei wird gegenseitige Unterstützung großgeschrieben. Des Weiteren wurde die multidisziplinäre Besetzung im Team als Stärke benannt. Als Schwäche wurde die Unerfahrenheit (nahezu) aller Teammitglieder in Bezug auf ein so großes internationales und Aufmerksamkeit weckendes EU-Projekt, das zudem durch den Aufbau selbst konzeptionelle Probleme birgt, benannt. Mangelnde Ressourcen bei einigen Team-Mitgliedern führen teilweise zu Flaschenhälsen. Die Team-Mitglieder, die bei großen Konzernen angestellt sind, werden häufiger durch abweichende Prioritäten ihres Arbeitgebers in ihrem Mitwirken eingeschränkt. Auch wird eine gelegentlich zögerliche Haltung aufgeführt. So hat es eine längere Zeit gedauert, bis die endgültige Absage der Investoren das innovativen Wärmekonzeptes allen als definitives Aus für das Teilziel mitgeteilt wurde.
Projektvorbereitung	Allgemein	☺ → 0 😐 → 2 ☹ → 3 [Ergänzung: Die Autorin plädiert für den negativen Smiley.] Die positiven Stimmen äußern die Freude darüber, dass der Antrag überhaupt gewonnen wurde. Bereits das macht das Projekt zu einem Erfolg. Der Antrag für msl war nach zwei von der EU abgelehnten H2020-Anträgen der dritte Anlauf, ein Projekt zu gewinnen.) Das führte dazu, dass die Antragstellung teilweise nicht mit der notwendigen Sorgfalt und Prüfung der Realisierbarkeit der Vorhaben vorgenommen wurde. Folgende Aussage charakterisiert diese Einstellung beispielhaft: „ich habe das nicht so ernst genommen, weil ich dachte, das gewinnen wir sowieso nicht." (E1-N2). So wurde auch die Präzision von Formulierungen im Antrag und den Evaluationstabellen nicht ausreichend beachtet und Zahlen, die ein Potential darstellen als Umsetzungsziel eingetragen z.B. wurden Dachflächen im Retrofitbereich, deren Eignung für Photovoltaikanlagen geprüft werden müsste als installierte Photovoltaikflächen angegeben. Die operativ am Projekt arbeitenden Team-Mitglieder gaben zudem an, nicht genug Zeit und Ressourcen in der Vorbereitung gehabt zu haben, was von der übergeordneten Stelle anders beurteilt wird. Dazu kommt, dass die Aktionen teilweise nicht von den nachher dafür verantwortlichen Mitgliedern des Konsortiums, sondern von externen Ingenieuren entwickelt und geplant wurden. Die Kommunikation und Information in dieser Phase wird von einigen als nicht ausreichend beschrieben. Insgesamt wird die schlechte Vorbereitung des Projektes als Ursache für die aktuellen Probleme angegeben.
	Zielentwicklung und -bewertung	Die Ziele wurden zu einem großen Teil von externen Planungsgruppen entwickelt, die nicht in der Verantwortung für die Umsetzung der Ziele sind. Das Hauptkriterium war, einen Antrag zu schreiben, mit dem der sog. Call des H2020-Förderprogrammes gewonnen wird. Hamburg sollte Lighthouse-City werden. Bei EU-Förderprogrammen ist zudem der Rahmen für die Aktionen vorgegeben. Dazu kommt der „Webfehler", dass Projekte noch nicht begonnen sein dürfen, um mit H2020 gefördert zu werden. Eine vor Antragstellung durchgeführte Detailplanung wird damit ausgeschlossen. Von den Teilnehmern der geförderten Organisationen wird die eigene Unerfahrenheit in derart komplexen Projekten als weiteres Problem angegeben. Die Aussage: „Wir waren in keinster Weise in der Lage dazu, das auch nur annähernd zu bewerten." (E1-N2) drückt die Überforderung aus, der sich einzelne Team-Mitglieder gegenübersahen. Von den operativ Beteiligten wird insgesamt Unsicherheit und Überforderung ausgedrückt. Dazu kam der Zeitdruck. Diese Kombination zog die Versäumnisse und damit auch die aktuellen Probleme nach sich.
	Versäumnisse	Die wesentlichen benannten Versäumnisse sind: - Eine Risikoanalyse wurde nicht durchgeführt - Die Investoren [Anm.: Baufirmen] wurden weder von Anfang an in die Pläne einbezogen noch in irgendeiner Form z. B. mit einem Letter of Intent, verpflichtet - Bei der Ausschreibung zum Verkauf der Grundstücke gab es keine städtebaulichen Vorgaben, die den Projektzielen entsprechen - Die Absage von Investoren – die letztendlich die Bauten bezahlen – wurde nicht in Betracht gezogen - Die Realisierbarkeit vieler Teilaktionen wurde nicht geprüft - Der Abruf und die Verfügbarkeit der technischen Fördermittel wurden falsch eingeschätzt - Der fertige Antrag wurde vor Einreichung nicht von allen Konsortiums-Mitgliedern noch einmal kritisch geprüft Lediglich aus übergeordneter Sicht wurden keine Versäumnisse benannt, wobei dort der Erfolg zählt, dass Hamburg den Antrag gewonnen hat.
	Pluspunkte	Als Pluspunkt wird durchgängig der Wille benannt, etwas Großartiges und Innovatives umzusetzen. Das Engagement für die Ideen und die Entwicklungsimpulse, die durch das Projekt ausgelöst wurden, werden ebenso positiv bewertet wie der Wandel zu einer positiven Sicht von Veränderung. Der Bezirk des Projektgebietes nimmt als erster Bezirk aktiv an einem Forschungsprojekt teil. Der Antrag wurde gewonnen und Hamburg ist Lighthouse City. Die Themen Energieeffizienz und erneuerbare Energien sind bei Bürgerinnen und Senat angekommen.

Anhänge – Zusatzinformationen, Grafiken und Tabellen

	Empfehlungen	Die Interviewten haben als Empfehlungen im Wesentlichen die Durchführung der o.g. Versäumnisse aufgezählt und um folgende Anregungen erweitert:
		Für kleine Unternehmen ist es wichtig, die Realisierbarkeit in Eigenregie kritisch zu prüfen oder einen starken Partner zu finden, der mit in die Verantwortung geht.
		Eine weitere Empfehlung ist die Staffelung der Vorhaben: *„Man sollte auf jeden Fall drauf achten, dass die einzelnen Partner verschieden gestaffelte Aktionen haben: Einige, die sofort und schnell umsetzen können, damit das Projekt ins Laufen kommt. Dann einige, die vielleicht irgendwie so ein bisschen schwieriger oder langfristiger umzusetzen sind. Und dann eins, zwei - aber nicht überwiegend Aktionen, die dann eben so wirklich Raketentechnik sind, die kommen oder nicht kommen, die vielleicht den Antrag aber stützen und ihn durchbringen."* (E2-N1) Dabei sollten die angestrebten Ziele *„ambitioniert sein* [Ergänzung: um den Antrag zu gewinnen] *aber nicht illusorisch"* (E5-N3), was eine realistische Risikobewertung voraussetzt.
		Voneinander abhängige Komponenten sollten in einer gemeinsamen Aktion gebündelt und gegen andere Aktionen abgegrenzt werden, damit bei Problemen in einer Aktion nicht andere Teilziele in Mitleidenschaft gezogen werden.
		Die Tendenz der Aussagen wird charakterisiert durch: *„Ein bisschen genauer hingucken."* (E3-N2)
	Sonstiges	Allgemein wurde die zu kurze für die Umsetzung zur Verfügung stehende Zeit bemängelt. 36 Monate ist für städtebauliche Vorhaben extrem knapp besonders, da bei Antragstellung die Bauvorhaben noch nicht begonnen noch nicht mal ausgeschrieben sein dürfen. Das wird durch die Förderbedingungen für technische Investitionen noch verschärft: *„Die ist ja gar nicht so gering. 70 % ist ja schon relativ hoch. Aber, wenn man sich bei der Technik, und das ist ja, wenn man in so einem Umsetzungsprojekt - einem Pilotprojekt viel Technik - vom Engineering konnte man ja viel machen. Aber diese Technik - Eisspeicher - sind teuer. Wenn man da dann vor 70 % der jährlichen Abschreibungsquote innerhalb der Projektlaufzeit, dann ist das sehr wenig, wenn man sich dann noch mal überlegt, dass man nicht von Anfang an, innerhalb vom ersten Jahr investiert, sondern vermutlich erst im letzten, dann ist das 'ne Farce."* (E1-N2).
		Zwei Interviewte stellten für ihre Organisation heraus, dass sie an der Entwicklung der Aktionen sehr wenig mitwirken konnten und sich auf das externe Büro verlassen haben. Sie bemängeln die geringen Einflussmöglichkeiten, die sie hatten. Auch die Unerfahrenheit in derartigen Projekten kam noch einmal zur Sprache.
		Die Entscheidung für die einzelnen Vorhaben wurde vom Engagement und der Begeisterung in der Sache geprägt. Die Teilnehmenden haben sich überoptimistisch bis euphorisch in das Projekt gestürzt. Dem Wunsch, etwas Großartiges umzusetzen und ein Lighthouse-Projekt nach Hamburg zu holen, wurde die kritische Prüfung der Realisierbarkeit der einzelnen Vorhaben geopfert.
		Thematisiert wurde noch die unterschiedliche Gewichtung, die das Projekt für die einzelnen Organisationen hat: Für die beiden beteiligten Großkonzerne ist es *„Peanuts"* (E5-N3), während den regionalen Beteiligten, u. a. eine Bürgergenossenschaft, riesig erscheint.
Moment der Krise	Pers. Reaktion	Vorab: Die Fragen zu diesem Abschnitt beziehen sich auf die Absage des Investors, der die betreffenden Gebäude im Projektgebiet baut. (ein kaltes Wärmenetz mit u. a. einem Eisspeicher als Energiequelle).
		Die Aussagen variieren sehr, von *„super frustrierend"* (E1-N2) bei den Verantwortlichen für die betroffenen Aktionen über ein lapidares *„Shit happens"* (E5-N3) bis *„Wir haben das relativ unemotional wahrgenommen."* (E2-N1). Für einige Beteiligte war es kein Moment der Erkenntnis, sondern ein Prozess durch Erleben der schwierigen Verhandlungen mit dem Investor, bzw. des Vertrostens von einem Interviewten wurde ein Gefühl der Hilflosigkeit als besondere Belastung beschrieben: *„Was mich sehr beansprucht hat, war dieses Gefühl: Ich bin hier mit verantwortlich in einer Projektgruppe und habe aber keine Möglichkeit, diese defizitäre Situation in irgendeiner Form zu beeinflussen. Ich kann nichts tun!"* (E4-N1)
	Reaktion im Team	Obwohl es einige gab, die *„etwas verschnupft"* (E1-N2) waren, überwiegt deutlich der konstruktive Umgang mit den Problemen und das positive Miteinander. Beides kann als vorbildlich bezeichnet werden. Es gab *„keine Schockwellen"* (E3-N2), allerdings zeitweise ein spürbares *„etwas hilfloses Dahintreiben"* (E4-N1), doch wurde immer *„sehr, sehr nett"* (E4-N1) miteinander umgegangen.
	Empfehlungen, Vorschläge	Hier wurden Punkte aufgeführt, man hätte besser machen können, z. B. die Investoren von vornherein einbeziehen oder sich von leitender Stelle in die Verhandlungen einbringen. Zudem kam noch einmal eine klare Aussage, die auf die Mängel im Antrag und die fehlende Stakeholder-Analyse verweist: *„Und dann diese Ziele, wie z. B. diese Sanierungsziele, auf die ich keinen Einfluss habe, die möchte ich von vornherein anders formulieren. Da kann ich nicht sagen: Wir tun folgende Dinge..., mit denen möchten wir Folgendes erreichen - die Verdopplung der Sanierungsquote - das ist der Punkt, mit der Methodik, mit der wir das beschritten haben. Und dann gucken wir mal, ob wir das geschafft haben, oder nicht. Das kann ich alles machen. Aber ich kann mich halt nicht hinstellen und sagen: Wir sanieren soundso viel Gebäude, wenn das gar nicht meine Gebäude sind."* (E4-N1)
	Sonstiges	Trotz dem Frust, dass es den Investoren bei der abschlägigen Entscheidung nur um Profit ging und die (nicht direkt an den Verhandlungen beteiligten) Projektbeteiligten diese Entscheidung nicht beeinflussen konnten, wird die Lernkurve gerade durch die Schwierigkeiten positiv hervorgehoben. Auch mögliche politische, rechtliche und vertragliche Konsequenzen für städtebauliche Projekte werden als Erfolg aus dem Scheitern benannt.
Fortführung des Projektes	Einschätzung	Dazu haben sich nur drei der fünf Interviewten geäußert und zwar durchgehend positiv. Sie gehen davon aus, dass das Projekt über den Berg kommt und erfolgreich abgeschlossen wird: *„... das wird alles gut werden."* (3-N1)
	Nächste Schritte	Nach der Absage das innovative Wärmenetz durch die Investoren wurden zunächst Gespräche mit der Projektleitung in Hamburg aufgenommen, die dann ihrerseits – vergeblich – versuchte, Kontakt zu den Investoren aufzunehmen. Die Entscheidung war gefallen. Also wurde eine Bestandsaufnahme durchgeführt, welche Aktionen von der Entscheidung betroffen waren und was das für das Investitionsbudget und die eingeplanten Ressourcen bedeutet. Auf dem nächsten periodischen Treffen in Helsinki wurde das Problem der internationalen Leitstelle mitgeteilt und vereinbart, dass alternative Aktionen entwickelt werden.
		Im Team passierte sichtbar zunächst wenig, doch machten sich alle Beteiligten in Hamburg auf die Suche nach alternativen Aktionen, in denen Komponenten des geplanten kalten Wärmenetzes zur Anwendung kommen bzw. andere Kombinationen von Energieerzeugung der sog. Sektorenkopplung. Der Energiecampus der HAW entwickelte neue Kopplungsmöglichkeiten der vorhandenen Anlagen.
		Dann wurde mit anderen Investoren Kontakt aufgenommen, um alternativ mit ihnen Teile der innovativen Ideen umzusetzen, was sich wg. Zeitdrucks (bis Nov. 2019 muss gebaut sein) als schwierig herausstellte. Doch inzwischen wurden einige Ideen entwickelt. Diese werden jetzt ausgearbeitet und dann als Amendment (Zieländerungsantrag) eingebracht.
	Risiko für die erfolgreiche Fortführung des Projektes	Als finales Risiko besteht die Ablehnung der im Amendment (Zieländerungsantrag) beschriebenen alternativen Aktionen durch die EU und der Abbruch des Projektes bzw. die Rückwicklung. Die Wahrscheinlichkeit dafür wird aufgrund von Erfahrungen aus anderen Lighthouse-Projekten und deren Problemen in den Projektsitzungen als gering eingestuft.
		Als real und problematisch dagegen die erfahrungsgemäß lange Bearbeitungszeit von Veränderungsanträgen durch die Entscheidungsinstanzen eingeschätzt. Denn erst nach Annahme der Anträge besteht Rechtssicherheit; erst dürfen Ressourcen für die neuen Tätigkeiten verwendet werden. Das führt zu dem zweiten sehr realen Problem, der schmelzenden Zeit für die Umsetzung: *„Das [ist das] sehr enge Zeitfenster. Alle physischen Umsetzungen, sprich Investitionen, müssten halt bis zum 30. November 2019 erfolgt sein."*

Anhänge – Zusatzinformationen, Grafiken und Tabellen

		Und das ist halt schwer, wenn man in einer frühen Phase mit Investoren spricht. Solche Projekte haben eine Entwicklungszeit von 3 bis 5 Jahren." (E3-N1).
		Die Zeitdimension zieht noch ein weiteres Problem nach: Die Fördergelder für technische Investition sind mit 70 % der Abschreibungskosten während der Projektlaufzeit festgesetzt. Je später technische Investitionen in Betrieb genommen werden, umso geringer ist der Förderzuschuss. Das heißt: Jede Verzögerung kostet die investierende Organisation Geld, präzise 70 % der für den Verzögerungszeitraum anfallenden Abschreibungskosten (Beispiel: Anschaffungskosten 1 Mio.€, Nutzungsdauer 10 Jahre → Förderungsausfall 5.833 €/p. Monat). Die Streichung eines großen Teils der Fördermittel ist eines der reellen Risiken infolge der Probleme.
	Pluspunkte	Im Umfeld des Projektes sind positive – auch nachhaltige – Entwicklungen entstanden. So wird der Energiecampus in Bergedorf zu einem Reallabor für Forschung zu Energieeffizienz und erneuerbaren Energien mit Sektorenkopplung ausgeweitet. Ein Innovationsnetzwerk Energie ist entstanden, in dem sich Investoren, Behörden und Energieunternehmen in einem kreativen Dialog austauschen. Ein neues Gewerbegebiet mit Schwerpunkt Forschung und Entwicklung wurde ausgeschrieben. Die Forderungen nach der Berücksichtigung hoher energetischer Anforderungen in Neubauprojekten werden aktuell in einem Energie-<u>Fachplan</u> für die Baubehörde entwickelt.
		Diese positiven Folgen des Projektes fördern trotz der Krisen bei den Beteiligten das Gefühl des Gelingens. So antwortet ein Interviewter auf die Frage nach dem Risiko: *"Ich teile die Fragestellung nicht. Ich würde zwar gerne drauf antworten, aber für mich ist das Projekt ein Erfolg."* (E3-N2). Bei den Interviewten überwiegt die Überzeugung, dass das Projekt zu einem guten Abschluss kommt.
	Empfehlungen für einen erfolgreichen Projektabschluss	Ein Experte spricht sich ganz deutlich für Klarheit und Stringenz sowie schnelle Klärung von Fragen aus: *"Nicht mehr abspeisen lassen mit: Wir klären das noch und sitzen noch dran und haben noch ein paar tolle Gespräche mit... und das klappt schon."* und: *"Aufräumen"* (beides E4-N1).
		Weitere benannte Erfolgsfaktoren sind die Ausweitung des Projektgebietes, um zusätzliche Maßnahmen einbeziehen zu können, die maximale gegenseitige Unterstützung und Maßnahmen, die kurzfristig mit vertraglicher Regelung ohne aufwendige (behördliche) Genehmigungen umsetzbar sind.
		Die Fokussierung auf das Wesentliche und gutes Ressourcen-Management sind ebenfalls erfolgsfördernd zu berücksichtigen.
Resümee	Lessons-learned	Das Resümee aus den Erfahrungen bezieht sich auf unterschiedliche Aspekte:
		Mit Bezug auf die Projektvorbereitung werden noch einmal die Versäumnisse angesprochen und in Konsequenz für kommende Projekte eine Risikobewertung der Ziele angemahnt. Des Weiteren wird vorgeschlagen, die Ziele künftig nach Schwierigkeitsgrad zu staffeln und unsichere Ziele mit einem Plan B zu hinterlegen. Auch sollte beim Antrag darauf geachtet werden, dass zusammengehörige technische Aspekte in einer Aktion beschrieben und nicht auf viele, voneinander abhängige Aktionen aufgeteilt werden. Das hätte zur Folge, dass bei Problemen nur diese eine Aktion scheitert und nicht ein ganzes Bündel von Aktionen mehr oder minder stark betroffen ist.
		Externe Stakeholder müssen – insbesondere, wenn sie z. B. als Investoren oder Bauherren Entscheidungskompetenz bezüglich der Umsetzung von Aktionen haben – bereits in die Planung einbezogen und auf die Ziele verpflichtet werden. Oder man beschränkt sich auf Aktionen, über deren Komponenten die Projektbeteiligten selbst verfügen können. Damit kann das Risiko der Abhängigkeit von den Entscheidungen Externer, die kein Interesse am Projekt haben, vermieden werden. Eine weitere Möglichkeit wäre die Verpflichtung von Externen auf entsprechende städtebauliche Anforderungen z. B. in einem Energie-<u>Fachplan</u>. Außerdem ist der Zeitplan in Verbindung mit den Ausschreibungsbedingungen extrem eng. Städtebauliche Projekte brauchen für die Umsetzung gewöhnlich mehr als die drei Jahre, die H2020 zulässt, zumal es sich dabei um innovative neue Maßnahmen handelt.
		Zudem wird bemängelt, dass das Projekt zu technisch-lastig sei. Die technische Umsetzung wird bewertet, während die <u>Lessons-Learned</u> auf dem Weg dahin bzw. die Lernkurve durch das Scheitern von Teilzielen keine wesentliche Rolle spielt. Dabei ist besonders der Erkenntnisprozess in Forschungs- und forschungsnahen Projekten der eigentliche Wert.
		Die Entwicklung der Ziele durch Dienstleister, die nachher nicht für die Umsetzung der Ziele gegenüber der EU in der Verantwortung stehen, hat massiv zu den Problemen beigetragen. Diese haben eine andere Interessenlage, z.B. Honorar für eine werbliche Zielbeschreibung und Darstellung aber keine Verantwortung für die Umsetzung. Hier tritt eine Diskrepanz auf: Zum einen erhöht die professionelle Präsentation die Erfolgsaussichten des Antrags, zum anderen verursacht eine nicht ernsthafte Risikobetrachtung bereits im Vorlauf die Probleme und mögliche Scheitern. Die Folge für Projekt-Teams sind unnötige Frust, Mehrarbeit und ein hohes Stresslevel.
		Ein Experte beschreibt explizit das Dilemma, in das sich die Antragsteller dieser Art Projekte begeben: *"Das ist ein Webfehler im Rahmen der Projektkonstruktion. Die Projektkonstruktion setzt voraus, dass bei der Antragstellung die Projektarbeiten nicht begonnen worden sind. Als Beginn der Projektarbeiten gelten aber alle Planungsleistungen. Also alle verbindlichen Planungsleistungen sind Beginn der Projektarbeit. Und in einer solchen Situation kann man das tatsächlich, wenn man eben nicht weiß, was wirklich gebaut wird, wenn also die Planung noch nicht abgeschlossen ist, sehr schwer nur garantieren, dass das was man da denkt, was man dann tun will, auch nachher wirklich gebaut wird. Gleichzeitig ist man aber, wenn man denn den Antrag gewinnen will, gegenüber konkurrierenden Antragstellern, auch wenn weniger gezwungen, etwas besonders Schönes zu präsentieren, das dann auch gerne bewilligt wird."* (E4-N1).
	Sonstiges, Abschluss	Bezogen auf diese Art von EU-Projekten werden von den Interviewten die gerade für Projekte mit technischem Schwerpunkt ungünstigen Bedingungen bei der technischen Fördergelder, gebunden an die Abschreibung innerhalb der Laufzeit kritisiert. Zudem wird die übergroße Komplexität eines solchen Großprojektes angemerkt.
		Anerkannt und gelobt wird, was sich über die eigentlichen Projektaktionen hinausbewegt hat: Die Stadtentwickler setzen sich mit neuen Energiekonzepten auseinander. Es werden Konsequenzen für das Baurecht gezogen und quartiersübergreifend gedacht.
		Ein weiterer Kritikpunkt ist die mangelnde Fehlerkultur. Zwischen der übergeordneten Antragstelle und den an der Basis operativ im Projekt tätigen Team-Mitgliedern findet kein direkter Austausch über die Umsetzungsprobleme vor Ort statt. Die Erfahrungen – insbesondere, wenn etwas gelingt – gehen so nicht in Folgeprojekte ein und es besteht die Gefahr, denselben Fehler zu wiederholen. Ein Experte weist in seinem Abschlusswort explizit darauf hin, wie wichtig es ist, über Fehler zu reden und sieht deshalb auch die vorliegende Arbeit als wichtig an (E4-N1). Eine andere Aussage dazu lautet, dass EU-Projekte ganz viel bewegen und Menschen zusammenbringen – *"und Scheitern gehört eben dazu"* (E1-N2).

Anhang G: Übersicht der Anlagen zu dieser Arbeit

Liste der Dateien, die als empirisches und analytisches Basismaterial genutzt wurden:

Art, Erläuterung	Dateiname
Druckdatei des Interviewleitfadens, Format MS-Word	Interview-Leitfaden Scheitern im PM-final.docx
Grafik der Smileys zur Bewertung des Projektes, Format Bild .jpg	Smiley.jpg
Audiodateien, Format mp3, Aufzeichnung der Interviews (Dateiname → recording & Nr. der Expertise & sonstige Kennung)	recording1-20180827-161057-D.mp3
	recording2-20180829-141919-M.mp3
	recording3-20180831-142801-E.mp3
	recording4-20180903-143819-S.mp3
	recording5-20180907-101526-J.mp3
Textdateien, Format MS-Word, korrigierte endgültige Version der transkribierten Interviews (Dateiname → transkript & Nr. der Expertise & sonstige Kennung) (Seiten jeweils zwischen 8 und 14)	transskript1-20180827-161057-D-final.docx
	transskript2-20180829-141919-M-final.docx
	transskript3-20180831-142801-E-final.docx
	transskript4-20180903-143819-S-final.docx
	transskript5-20180907-101526-J-final.docx
Tabelle mit Zusammenstellung der kategorisierten bedeutungstragenden Textstellen, Format MS-Word, endgültige Version mit Einschätzung der Autorin (22 Seiten)	Inhaltsanalyse-Master-final.docx
Übersicht der Definitionen und Ankerzitate für die Zuordnung der Subkategorien, Format MS-Word	Inhaltsanalyse-Definition der Subkategorien.docx
Kategorienbezogene Summarys auf Basis der Subkategorien, Format MS-Word	Inhaltsanalyse-Zusammenfassung-final.docx

Literaturverzeichnis

Behörde für Gesundheit und Verbraucherschutz Hamburg. (2014). Demografie-Konzept Hamburg 2030. https://www.hamburg.de/content-blob/4282416/65ab8620b51fc3a5d970b5a3e232b71d/data/download-demografiekonzept-hamburg2030.pdf - Zugriff 19.8.2018

Bogner, A., Littig, B., & Menz, W. (2014). Interviews mit Experten. Eine praxisorientierte Einführung- Heidelberg: Springer VS Verlag für Sozialwissenschaften

Bundesministerium für Wirtschaft. (2017). Erneuerbare-Energien-Gesetz (EEG). https://www.gesetze-im-internet.de/eeg_2014/BJNR106610014.html - Zugriff 5.10.2018

Büttgen, Dr. Marion. (2013). Planungsverhalten im Projektmanagement. https://www.gpm-ipma.de/fileadmin/user_upload/GPM/Know-How/Ergebnisbericht_Studie_Planungsverhalten.pdf - Zugriff 1.10.2018

Döring, N., Pöschl, S., Bortz. J. (2016). Forschungsmethoden und Evaluation in den Sozial- und Humanwissenschaften. 5. Auflage. Berlin Heidelberg: Springer-Verlag.

Ears, Ernst & Prexl. (2011). Coperative Fincance Teil 2. Stuttgart: Schäffer-Pöschel Verlag. https://www.dreske.de/WebRoot/DreskeDB/Shops/Dreske/ProductImages/Samples/9783791030975_LP.pdf – Zugriff 19.8.2018

Engel, C. & Tamdjidi, A. & Quadejacob, N. (2008). Ergebnisse der Projektmanagement Studie 2008. Erfolg und Scheitern im Projektmanagement. Quelle: https://www.gpm-ipma.de/fileadmin/user_upload/GPM/Know-How/Ergebnisse_Erfolg_und_Scheitern-Studie_2008.pdf - Zugriff 4.10.2018

Freitag, Matthias. (2016). *Kommunikation im Projektmanagement.* Wiesbaden: Springer VS Springer Fachmedien

Grant Agreement No. 731297 (Vertrag zwischen Europäischer Kommission und dem Projektkonsortium). (2016).

Helfferich, Cornelia. (2011). Die Qualität qualitativer Daten. Wiesbaden: VS Verlag für Sozialwissenschaften - Springer Fachmedien GmbH

Hillberg, K. (2017). *Projektmanagement im Einkauf.* Wiesbaden: Springer Fachmedien Wiesbaden GmbH

Holzbaur, Ulrich und Bühr, Monika. (2015). Projektmanagement für Lehrende. Wiesbaden: Springer Gabler Springer Fachmedien

Krumme, Jan-Hendrik. Springer Gabler Online Lexikon. https://wirtschaftslexikon.gabler.de/definition/erneuerbare-energien-gesetz-eeg-36812 - Zugriff 10.8.2018

Kuckartz, Udo. (2018). Qualitative Inhaltsanalyse. Methoden, Praxis, Computerunterstützung. Weinheim: Beltz Juventa

Lincoln, Y. S. & Guba, E. G. (1985). *Naturalistic Inquiry.* Newbury Park: Sage.

Mann, Michaele E. und Toles, Tom. (2018). *Der Tollhaus Effekt.* Erlangen: Verlag Solare Zukunft

Mayer, Prof. Thomas. (2014). *Studienheft Euro-FH: Projektmanagement – Methoden und Tools.* Reutlingen: Europäische Fernhochschule

Mayring, Philipp und Brunner, Eva (Hrsg. Buber & Holzmüller). (2009). *Qualitative Marktforschung. 2. Auflage.* Wiesbaden: Gabler | GWV Fachverlage GmbH

Meyer, Helga und Reher, Heinz-Josef. (2016). *Projektmanagement.* Wiesbaden: Springer Gabler Springer Fachmedien

Mission Innovation. Offizielle Seite im Nachgang der Pariser Klimakonferenz 2015. http://www.mission-innovation.net/our-work/innovation-challenges/ - Zugriff 29.7.2018

Nägele, Tobias. http://www.naegele-consulting.de/bibliothek/tools.html - Zugriff 19.8.2018

Nationale Kontaktstelle Energie des Bundesministeriums für Wirtschaft und Energie. https://www.nks-energie.de/ - Zugriff 1.8.2018

Niederberger & Wassermann (Hrsg.). (2015). *Methoden der Experten- und Stakeholder Einbindung in der sozialwissenschaftlichen Forschung.* Heidelberg: Springer VS Verlag für Sozialwissenschaften

Statistisches Bundesamt. *Konjunkturindikatoren.* https://www.destatis.de/DE/ZahlenFakten/Indikatoren/Konjunkturindikatoren/Konjunkturindikatoren.html - Zugriff 19.8.2018

Steckelberg, Alexander V. (2011). *Stärkung der Lernkultur in Unternehmen.* Wiesbaden: Gabler Verlag

Weltklimarat IPCC, Deutsche Koordinierungsstelle. https://www.de-ipcc.de/128.php - Zugriff 9.10.2018

Witzel, Andreas. (2000). *Das problemzentrierte Interview.* http://www.qualitative-research.net/index.php/fqs/article/view/1132/2519 - Zugriff 19.8.2018

Inhaltsverzeichnis

1.	Einleitung	1
2.	Entwicklung der Medienkultur von Kindern	5
2.1	Relevante Begrifflichkeiten	5
2.2	Medienbegriff im Thüringer Bildungsplan bis 18 Jahre	10
2.3	Digitale Lebenswelten von Kindern	14
2.4	Medienbildung in der frühkindlichen Entwicklung	16
3.	Medienarbeit im Kindergartenalltag	20
3.1	Medienbiografie	21
3.2	Elternarbeit mit und über Medien	26
4.	Medienaneignung und Medienkompetenz	32
4.1	Vier Stationen der Medienaneignung	32
4.2	Alltagsintegrierter und sinnvoller Einsatz digitaler Medien im Kindergarten	37
4.3	Medienkompetenzförderung	49
4.4	Sicherheitsaspekte	53

5. Medienkritik — 60
    5.1   Bedeutung — 60
    5.2   Dimensionen von Medienkritik — 62

6. Fazit und Ausblick — 64

Quellenverzeichnis — 69

Anhang I — 72

1. Einleitung

Heutzutage wird die Zeitung schon lange nicht mehr in Papierformat am sonntäglichen Frühstückstisch gelesen, sondern digital per App[1] auf dem Smartphone[2] oder Tablet[3]. Das bringt den Vorteil, dass man jedwede deutsche sowie anderssprachige Zeitung per Knopfdruck – oder besser gesagt per Touchscreen[4] sofort parat hat. Egal in welcher Form, morgendliche Schlagzeilen gehören wie die Butter auf das Brötchen zum Frühstück dazu. Fettgedruckt und in Großbuchstaben leuchtet die aktuellste Neuigkeit des Tages auf dem Tablet auf, welches wie Teller, Kaffeetasse und Besteck selbstverständlich zur modernen Grundausstattung eines Frühstückstisches gehört: „Erzieher mit blinkenden Herzaugen" (Anhang I). Kurz und prägnant stellt man sich nun die Frage, was wohl damit gemeint sein könnte. Verliebte Erzieher*innen, arbeitsliebende pädagogische Fachkräfte oder kann man mit diesen vier kurzen Worten doch etwas völlig anderes vermuten? Schlagzeilen dienen seit jeher dazu, den Leser auf den Artikel aufmerksam zu machen und eine gewisse Sensation zu betonen. Liest man ein wenig weiter, wird klar, worum es in dieser Überschrift geht. Gemeint ist ein Roboter namens „Keeko" mit

---

[1] Eine App ist eine Softwareanwendung auf einem Smartphone.
[2] Das Smartphone ist ein mobiles Telefon mit dem man ebenfalls Internetzugang und andere Computerfunktionen hat.
[3] Ein Tablet ist ein flacher, dünner Computer, der über einen Touchscreen gesteuert wird. Eine virtuelle Tastatur und andere Hardware befinden sich ebenfalls in und am Tablet.
[4] Ein Touchscreen ist ein Bildschirm, den man mit Berührungen steuern kann.

Einleitung

leuchtenden Herzaugen und digitalem, lachendem Mund, der in mehr als sechshundert chinesischen Kindergärten die Pädagog*innen unterstützen soll. Er liest den Kindern vor und stellt ihnen Aufgaben. Einerseits schürt dieser Artikel von 2018 aus der badischen Zeitung Angst, indem er auf die Ersetzbarkeit von Erzieher*innen und anderen pädagogischen Fachkräften abzielt. Andererseits stellt sich nach dem Weiterlesen die Frage, ob ein Roboter als pädagogische Fachkraft wirklich notwendig und sinnvoll ist. Das Land China ist in der gesamten Welt bei der Entwicklung von Technik und vor allem bei der Herstellung und Produktion von Smartphones Spitzenreiter. Auf unzähligen und neuesten technischen Modellen von Handys, Fernsehern, Computern, Tablets und sogar auf Spielzeug, das man in Deutschland kaufen kann, findet man den Aufdruck „Made in China". Es ist nur eine Frage der Zeit, bis diese Welle der Idee von Robotern als Erzieher*innen zu uns nach Deutschland schwappt. Schließlich gibt es bereits Technik in unserem Land, die den Kindern vorlesen oder gewünschte Musik abspielen kann, wenn man den Namen „Alexa" sagt. Die Schlagzeile ist also nicht weit hergeholt, geschweige denn ausgedacht. Im Gegenteil: Sie ist hochaktuell, auch im Jahr 2020.

Um dieses prägnante Thema von Digitalisierung der Gesellschaft und Medien im pädagogischen Alltag soll es in der vorliegenden Bachelorarbeit gehen. Es wird die Frage untersucht, wie der alltagsintegrierte Einsatz moderner Medien und die Förderung der Medienkompetenz im Kindergarten sinnvoll gelingen kann. Nachfolgend des ersten Kapitels, welches die Einleitung betitelt, erschließt sich der nächste Abschnitt dieser Arbeit: „Entwicklung der Medienkultur von Kindern". Darin werden relevante

Begrifflichkeiten zum Thema Medien und digitale Lebenswelten erläutert und in Bezug zu allen, im Arbeitsfeld Kindergarten, zusammenhängenden Personen wie Kinder, Erwachsene und pädagogische Fachkräfte gesetzt. Ein spezieller Blick auf die Arbeit mit Medien und der dazugehörige Bildungsbereich gilt anschließend dem Thüringer Bildungsplan für Kinder bis 18 Jahre. Weiter geht es mit den digitalen Lebenswelten von Kindern und die Medienbildung in der frühkindlichen Entwicklung. In Kapitel drei der Bachelorarbeit wird näher auf die „Medienarbeit im Kindergartenalltag" eingegangen. Hierbei wird die Medienbiografiearbeit, die Arbeit mit dem pädagogischen Team, den Eltern und Heranwachsenden näher beleuchtet. Um „Medienaneignung" und die Entwicklung von „Medienkompetenz" soll es im darauffolgenden Kapitel gehen. Mit dieser Passage soll besonders die oben genannte prägnante Frage untersucht werden. Mit Hilfe der Unterkapitel wie die vier Stationen der Medienaneignung, alltagsintegrierter und sinnvoller Einsatz digitaler Medien im Kindergarten, Entwicklung von Medienkompetenz und einigen Sicherheitsaspekten soll die Arbeit die Thesis Frage beantworten und mit praktischen Beispielen belegt werden können. Zu Guter Letzt geht es im Kapitel „Medienkritik" um die Bedeutung und Dimensionen vom kritischen Blick auf Medienpädagogik. Abschließend resultieren sich aus den fünf Kapiteln das Fazit und der Ausblick heraus.

Einleitung

Hinweis

Mit der Bitte um Verständnis ist zu erwähnen, dass weibliche, maskuline und diverse Personen- und Funktionsbezeichnungen in der gesamten Arbeit, mit „*innen" gekennzeichnet sind. Diese Formulierung geschieht im Sinne der Gleichberechtigung und besserer Lesbarkeit.

2. Entwicklung der Medienkultur von Kindern

Im zweiten Gliederungspunkt dieser Arbeit soll es um Begrifflichkeiten gehen, die für das Thema Medien und Medienkultur relevant sind. Dazu zählen unter anderem Definitionen und Zusammenhänge wie neue Medien, Medienkultur und die Digitalisierung der frühen Kindheit. Bezugnehmend auf die Thesis, wird in diesem Abschnitt besonders auf die Differenzierung von modernen und alten Medien eingegangen. Um die Aktualität der Thesenformulierung beizubehalten wird eine besondere Feststellung getroffen. Des Weiteren wird ein Augenmerk auf die digitalen Lebenswelten der Kinder und die Entwicklung der Medienbiografie im Hinblick auf die Vorbildwirkung von Eltern und pädagogischen Fachkräften gelegt. Nicht außer Acht zu lassen ist in diesem Kapitel außerdem die Wichtigkeit der Thematik Medien im Thüringer Bildungsplan, welche darin einen eigenen Bildungsbereich kennzeichnet und den täglichen Einsatz im Kindergarten mitbegründet. In diesem Kapitel sollen die Bedeutsamkeit und die Aktualität der sich stetig verändernden Medienkultur und die Relevanz der Digitalisierung in der frühen Kindheit dargestellt und durch Erkenntnisse aus aktuellen Studien, Fachbüchern und anderen wissenschaftlichen Werken belegt werden.

2.1 Relevante Begrifflichkeiten

Medien Zum besseren Verständnis und zum fließenden Erschließen der Inhalte dieser Bachelorarbeit werden im ersten Unterpunkt relevante Begrifflichkeiten erläutert. Im Folgenden wird der Begriff „Medien" näher beleuchtet. Das Medium an sich ist „ […] ein vermittelndes Element [...]"⁵, das heißt es steht immer in der Mitte zwischen einem Sender und Empfänger und ist „[...] Träger oder Vermittler von Informationen aller Art[...]."⁶ Gleichermaßen sind Medien eine „[...] Form der Übermittlung [...]."⁷ „Medien dienen also der zwischenmenschlichen Kommunikation(.)"⁸, daraus folgt, dass „[...] auch Sprache, Gestik und Mimik [...]"⁹ dazu zählen. „Medien ermöglichen sowohl Massenkommunikation als auch Individualkommunikation."[10] Zu den Massenmedien gehören ein Sender und viele Empfänger, dies ist zum Beispiel bei Zeitung, Radio, Fernsehen oder Internet der Fall. Wohingegen bei der Individualkommunikation die Kommunikation zwischen einzelnen Individuen im Vordergrund steht und alle Teilnehmer zugleich Sender und Empfänger sind.[11] Medien und Medienarten kann man verschiedenhaft differenzieren, beispielsweise nach den Wahrnehmungen wie auditiv oder visuell.

Analoge und digitale Medien Die in der Einleitung gestellte Thesis Frage, die es in der vorliegenden Bachelorarbeit zu bearbeiten gilt, ist mit der Bezeichnung „moderne" Medien aufgestellt. Durch die Auseinandersetzung mit der Thematik und die intensive Arbeit mit Fachtexten und zeitlich aktuellen Fachbüchern wurde schnell

---

[5] Lepold und Ullmann (2018), S. 40
[6] ebd.
[7] ebd.
[8] ebd.
[9] ebd.
[10] ebd.
[11] vgl. Lepold und Ullmann (2018), S. 41

deutlich, dass diese Bezeichnung längst überholt ist. Differenziert wird nicht mehr nach „neu" beziehungsweise „modern" und „alt" sondern überwiegend nach analogen und digitalen Medien.

Mittels der analogen Medien erfolgt die Kommunikation nur in eine Richtung. Sie können sich nur bedienen, ansehen, anschalten, ausschalten und anhalten lassen. Audiokassetten, Schallplatten, CDs, Plakate, Bücher, Zeitungen und VHS-Kassetten sind einige Beispiele für die analogen Medien.

Im Gegensatz dazu stehen die digitalen Medien, welche Reaktionen auf den Benutzer und Interaktionen zwischen dem Menschen und dem Medium möglich machen. Die komplexe Steuerung dieser technischen Geräte erfolgt durch Mikroprozessoren. Die Informationen werden in Form von Zahlen (Binärcodes) beschrieben und für den Menschen in Buchstaben beziehungsweise Worten übersetzt. Digitale Medien haben eine wesentliche Aufgabe: Sie dienen der Digitalisierung, Berechnung, Aufzeichnung, Speicherung, Verarbeitung und Darstellung digitaler Inhalte. Das Besondere bei dieser Medienart ist, dass sie sowohl Informations- als auch Unterhaltungsmöglichkeiten bieten und dem Nutzer völlig neue Kommunikationsmöglichkeiten eröffnen. Es gibt beispielsweise Tablets, E-Books, digitales Fernsehen, Internet, Computer- und Konsolenspiele. Damit nicht genug findet sich in der heutigen Hosentasche das Smartphone, am Handgelenk das Fitness-Armband oder die Smartwatch. In der Schule gibt es bereits interaktive Whiteboards und zu Hause werden Hausanlagen oder Haushaltsgeräte über Apps gesteuert.[12] Eine Differenzierung, die

---

[12] vgl. Lepold und Ullmann (2018), S. 42-43

umgangssprachlich mit den Begriffen neue und alte Medien arbeitet, ist zwar ebenso logisch, dennoch nicht wissenschaftlich fundiert genug. Ein Medium, welches heute noch als „neu" gilt, kann morgen aufgrund der schnellen Weiterentwicklung technischer Geräte und Möglichkeiten, sogleich wieder alt sein. Aus diesem Grund findet im weiteren Verlauf der Bachelorarbeit die Differenzierung der Medienarten, wenn nicht in einzelnen Quellen anders aufgeführt, ausschließlich mit diesen beiden Begrifflichkeiten (analog und digital) statt.

Medienkultur Durch die Entwicklung unserer Welt und den technischen Möglichkeiten darin, spricht man von einer Medienkultur. Dies ist die zweite Begrifflichkeit, die nachfolgend analysiert wird. Kultur ist etwas vom Menschen Gemachtes, sie wird nicht nur von Einzelpersonen gelebt, sondern von Mehreren. In jedweder Kultur der Menschheitsgeschichte gibt es bereits Medien, die im Mittelpunkt der Entwicklung standen und die zur stetigen Weiterentwicklung der Welt und Wirtschaft beigetragen haben. Medien wirken und verändern Kultur und dessen Werte und Normen. Außerdem beeinflussen sie die Bildung und Entwicklung aller Menschen. Der stetige Einfluss von Medien stellt eine besondere Rolle in der Ethnologie dar. Dieser ist so wichtig und bedeutsam, dass innerhalb der Forschung über Ethnologie ein neuer Bereich benannt wurde: Die Cyberethnologie. Diese ist ein Teil moderner Medienethnologie, untersucht darin Produktion und Rezeption von Massenmedien und schließt auch elektronische Medien mit ein. Das prägende Arbeitsgebiet in dieser Forschung ist das Verhältnis von Online- und Offline-Realität. Im Hinblick auf die Thesisfrage dieser Arbeit begründet dieser Punkt die Aktualität des Themas. Es wird mit stetiger Entwicklung von Medien und der

Interaktion von Menschen und Medien immer weiter und mehr geforscht, denn die Medienkultur aktualisiert und verändert sich unaufhörlich. Es braucht nur ein weiteres technisches Produkt auf den Markt kommen, dass wieder eine neue Funktion innehat, welche es vorher noch nicht gab. Schon ist wieder Forschung und wissenschaftliches Überdenken notwendig.[13]

Digitalisierung Die Digitalisierung der frühen Kindheit bedeutet so viel wie „[...] die Veränderung unserer Gesellschaft durch stark verbesserte Produktionstechnologien, einen enormen Zuwachs an Möglichkeiten, Dinge selbst zu entwickeln und selbst herzustellen, die wachsenden Möglichkeiten für jedermann, zu programmieren und in Echtzeit rund um den Globus zu kommunizieren."[14] Gleichermaßen führt die Entwicklung der weltlichen Technologien zu erheblichen Veränderungen für unsere Gesellschaft. Die nachwachsende Generation erlebt in Bezug auf Digitalisierung einen enormen Vorsprung. Kinder helfen ihren Großeltern quasi dabei, sich in der neuen und technisierten Welt zurechtzufinden. Der Kindergarten selbst ist längst digitalisiert. Anmeldungen und Kommunikation finden per E-Mail statt, Verwaltungsprozesse werden durch spezifische Software geleitet sogar pädagogisch initiierte Dokumentationen, wie die Portfolioarbeit, werden durch das digitale Fotografieren, digitale Bilderrahmen, Diashows auf Fernsehern und dem Filmen per Digitalkamera unterstützt. Computer, Laptop, Fernseher, DVD-Player und Tablet finden sich in

---

[13] vgl. ebd., S.13-14

[14] Bostelmann, Antje (2017) in: Textor, Martin R., S. 1

vielen Einrichtungen wieder und erleichtern den pädagogischen Bildungsalltag.[15]

Frühe Kindheit Mit dieser Begrifflichkeit ist in der Entwicklungspsychologie durch eine Altersspanne gekennzeichnet, die zwischen dem Neugeborenen und dem vollendeten zweiten Lebensjahr liegt. In der Medienpädagogik hingegen ist mit dem Begriff frühe Kindheit das Alter bis zum fünften oder gar sechsten Lebensjahr erweitert worden. Forscher raten dazu, dass bei der Medienerziehung und -nutzung nicht nur auf die kognitive und körperliche Entwicklung Rücksicht genommen werden sollte, sondern ebenso auf das eigene Interesse und die kindliche Zuwendung zu Medien.[16] Hieran wird die Sinnhaftigkeit des Arbeitsfeldes Kindergarten der Thesis deutlich, denn die Altersspanne liegt genau bei zwei bis sechs Jahren.

2.2 Medienbegriff im Thüringer Bildungsplan bis 18 Jahre

Im Thüringer Bildungsplan werden zur Erklärung des Fachausdrucks und der Signifikanz von Medien für die Bildung von Kindern alle Medienarten in Betracht gezogen, aber ein verstärktes Augenmerk auf die modernen Medien wie die Digitalen, das Internet und „[...] die neuen, vor 20 Jahren noch unvorstellbaren Möglichkeiten der Echtzeit- und Mobilkommunikation sowie auf die

---

[15] vgl. ebd., S. 1
[16] vgl. Fleischer, Kroker und Schneider in Brandt u.a. 2018, S. 38

Interaktivität heutiger Mediennutzung [...]"[17] gelegt. Die Wichtigkeit von Medien im Alltag von Kindern wird durch die Tatsache begründet, dass „[...] die verschiedenen technisch hergestellten Kommunikate, Geräte und Infrastrukturen, mehr und mehr zu „Miterziehenden" von Kindern und Jugendlichen geworden(.)"[18] sind. Das heißt, dass „[...] Medien auf vielfältige Weise Informationen, Wissensinhalte und Wertorientierungen an Kinder und Jugendliche herantragen [...]"[19] und sie somit „[...] als Formen der informellen Bildung neben den Einflüssen von Erziehung und schulischer Bildung [...]"[20] stehen. Moderne Medien haben „[...] die Voraussetzungen, Notwendigkeiten und Möglichkeiten des Lernens verändert."[21] Somit ist die „Medienbildung [...] dem grundlegenden Verständnis von Bildung als lebenslangem Prozess (lebenslanges Lernen) verpflichtet und zu verstehen als ein dauerhafter Vorgang der konstruktiven Auseinandersetzung mit der Medienwelt, der auf unterschiedliche Weise pädagogisch strukturiert und begleitet wird."[22] Kindern und Jugendlichen soll Medienbildung einen „[...] (Handlungs-)Raum bieten, indem sie Erfahrungen mit den verschiedenen Medien (vom Foto über das Buch bis hin zu mobilen Online-Diensten) sammeln und diese auch gegenüber Erwachsenen ausdrücken und mit ihnen besprechen können."[23] „Dabei gilt es zum

---

[17] Thüringer Ministerium für Bildung, Jugend und Sport (2015), S. 300
[18] ebd.
[19] ebd.
[20] ebd.
[21] ebd.
[22] ebd.
[23] ebd.

Einen, an die individuellen Kompetenzen, Alltagserfahrungen und das Vorwissen von Kindern und Jugendlichen anzuknüpfen. [...] Zum Anderen gilt es, die neueren Entwicklungen bei Kinder- und Jugendmedien mit ihren Chancen und Risiken zum Thema zu machen und auch die didaktischen Möglichkeiten, die der Einsatz digitaler Medien eröffnet, aktiv zu nutzen (z. B. mit Einsatz von Tablets im Unterricht)."[24] Des Weiteren nennt der Thüringer Bildungsplan bis 18 Jahre nun vier Bereiche, die zentrale Schwerpunkte und Bildungsaufgaben bezüglich Medienpädagogik aufzeigen. Diese sollen wissenschaftlich begründen, warum es wichtig ist, Kinder schon in der frühen Kindheit an Medien heranzuführen.

Im ersten Bereich geht es um das Kennenlernen von elektronischen Geräten. Dazu gehört die Funktionsweise, die Bedienung und sinnvolle Verwendung im Alltag. Als Beispiele werden Geräte genannt wie das Telefon und die Digitalkamera. Wobei man sagen muss das, zur Aktualität der Thematik, beim Smartphone beides (Digitalkamera und Telefonie) in einem Gerät integriert ist und es aus diesem Grund ebenso aufgezählt werden müsste.

Im zweiten Bereich sollen Kinder und Jugendliche ein Verständnis dafür entwickeln, Medien für eigene Belange oder Fragen zu benutzen. Medieninhalte sollen zum Lernen und zur Informationsgewinnung dienen aber ebenso als Mittel zur Kommunikation und Unterhaltung sowie zur Entspannung.

---

[24] Thüringer Ministerium für Bildung, Jugend und Sport (2015), S. 300

Als Drittes soll der Medienumgang geschult werden und die Benutzer werden darauf aufmerksam gemacht, über medienbezogene Erfahrungen intensiv nachzudenken, verschiedenste Handlungsmöglichkeiten auszuloten und über Erlebnisse mit Medien zu sprechen.

Im vierten und letzten Punkt wird auf die Medienkompetenz Bezug genommen. Kinder sollen frühzeitig durch eigens erworbenes Wissen und den gemachten Erfahrungen mit Medien dazu in der Lage sein, Medieninhalte zu reflektieren, deren Absichten zu durchschauen und Werbung zu entschlüsseln.[25]

In dieser Bachelorarbeit ist auf den ersten Bereich besonders Bezug zu nehmen. In der frühen Kindheit geht es bei der Medienpädagogik also eher um das Kennenlernen verschiedener Medien, sowohl digitale als auch analoge. Das besondere Augenmerk liegt, wie oben genannt, hier beim Bedienen und die sinnvolle Verwendung im Alltag, zum Beispiel Fotos schießen. Im Alltag der Kinder häufen sich solche Situationen und finden sich täglich wieder. Das Smartphone ist schnell gezückt, um von besonderen Momenten Fotos zu machen. Vorstellbar ist, dass Kinder von ihren Eltern erlernt bekommen, wie man diese Funktion bedient, denn fast ein jedes Kind hat mit großer Wahrscheinlichkeit schon einmal ein Bild von seinen Eltern mit dem Smartphone machen dürfen. Das Aufwachsen mit digitalen Medien ist für Kinder in der heutigen Zeit zur Normalität geworden und nicht mehr wegzudenken. Für Eltern hingegen war das in ihrer Kindheit noch nicht verbreitet.

---

[25] vgl. ebd., S. 300-301

2.3 Digitale Lebenswelten von Kindern

Um das Aufwachsen in digitalen Lebenswelten von Kindern zu erfassen und nachzuvollziehen ist es notwendig, auch die der Eltern, sonstigen näherstehenden Familienmitgliedern und anderen Miterziehenden zu ergründen. Hiermit wird die Wichtigkeit der Vorbildwirkung betont, denn kleine Kinder ahmen bekanntlich Verhaltensweisen und Verhaltensmuster aller Art nach. Erkenntnisse aus der „DIVSI U9-Studie: Kinder in der digitalen Welt"[26] belegen, dass 26 Prozent der befragten Eltern jüngerer Kinder zu den „digital Souveränen" angehören. Sie sind gekennzeichnet durch einen organisierten Medienalltag ihrer Kinder, dies gelingt durch klare Regeln und Absprachen im Dialog. Des Weiteren fügen sich Medien in diesen Familien fließend in den Alltag ein. Die Eltern sind für ihre Kinder begleitend in der medialen Welt für sie da. Die Vorteile von digitalen Medien und deren Nutzung stehen für diese souveränen Eltern im Vordergrund. Kinder, die in solchen Familien aufwachsen, werden also an Medien frühzeitig herangeführt, dennoch mit klaren Regeln und viel Unterstützung im „Mediendschungel". Die Studie besagt weiterhin, dass 19 Prozent sogenannte „effizient-orientierte Performer" sind. Diese Einordnung von Eltern und Familien organisiert ihren Alltag sogar mit Hilfe digitaler Medien und sehen diesen Fortschritt als erhebliche Alltagserleichterung an. In diesem Fall sehen sich Eltern als professionelle Berater bezüglich des Heranführens an digitale

---

[26] https://www.divsi.de/wp-content/uploads/2015/06/U9-Studie-DIVSI-web.pdf (02.06.2020), S. 21-53

Medien ihrer Kinder. Wobei man diesen Punkt kritisch betrachten muss, denn manche Kinder wissen meist schon mehr darüber Bescheid als ihre Eltern selbst. Zu guter Letzt gehen Mütter und/oder Väter in dieser Gruppierung davon aus, dass ein gut erlernter Medienumgang und dessen Nutzung hohe Zukunftschancen bietet.[27] Laut den Erkenntnissen der DIVSI U9-Studie sind die Hälfte aller Personen, die teilgenommen haben, mit Medien vertraut, setzen diese im Alltag ein und wollen, dass ihre eigenen Kinder mit und mit Hilfe von Medien sicher aufwachsen. Die andere Hälfte ist eher skeptisch gestimmt und sieht die neuen Medien kritisch an. Manche Eltern sind gar Gegner und andere wiederum können sich die neueste Technik finanziell nicht leisten und somit leider keine eigenen Erfahrungen damit machen und deren Kinder ebenfalls nicht. „Die Art, wie der Medienumgang in der Familie gestaltet und besprochen wird, hängt auch vom Bildungshintergrund und dem Beschäftigungsverhältnis der Eltern ab. [...] Eltern mit geringem Bildungshintergrund lesen weniger Zeitung und Bücher, nutzen seltener das Internet und spielen mehr digitale Spiele. Ein vielseitiger, zielgerichteter Umgang mit digitalen Medien findet eher nicht statt und es gibt weniger oder keine Regeln zum Umgang mit Medien."[28] „Die FIM Studie 2016 belegt, dass der Bildungshintergrund starken Einfluss auf die Einschätzung der eigenen Medienkompetenz hat. Demnach fühlen sich rund 20% der Eltern mit geringer formaler Bildung wenig oder gar nicht fit für

---

[27] vgl. Lepold und Ullmann (2018), S. 18-19
[28] Roboom in Medienwerkstatt für Kita und Schulkindbetreuung (2019), S. 6-7

Fragen der Medienerziehung."[29] Hier stellt sich nun die Frage, wie diese Mädchen und Jungen einen sicheren Umgang mit Medien erlernen können und von wem? Unterstützungsmöglichkeiten gibt es nicht nur von Eltern, sondern genauso in Institutionen, die Kinder täglich besuchen.

2.4 Medienbildung in der frühkindlichen Entwicklung

Um Medien und deren Inhalte überhaupt begreifen zu können, sind Fähigkeiten nötig, die Kinder in den ersten Lebensjahren erlernen. Die sprachliche und sozial-moralische Entwicklung trägt am meisten dazu bei. Dennoch ist die Entwicklung der Medienerschließung nicht allein am Alter festzumachen. Erhebliche Unterschiede gibt es bei der Fähigkeit Medien eigenständig zu nutzen. Gleichermaßen ist dies auch bei der autarken Benutzung und der Umgangsweise verschiedener Angebote in der Medienvielfalt der Fall. Kleinere Kinder werden üblicherweise mit dem analogen Medium Buch in den ersten Lebensjahren vertraut gemacht. Darüber hinaus können auditive und visuelle Medien wie beispielsweise der CD-Player oder der Fernseher den anfänglichen Erwerb von Medienkompetenz unterstützen. Eine besondere Rolle spielen, wie in Punkt 2.3 genannt, dabei die Eltern als Vorbild. Ebenso erfüllen andere Familienmitglieder oder pädagogische Fachkräfte in Kindergärten und Kindertagesstätten diese Vorbildfunktion. Durch sie und mediale Bilder werden Kinder an die ersten Erfahrungen herangeführt. Auf Bettwäsche, Tapete oder Kleidungsstücke finden sich solche wieder. Neugeborene

---

[29] ebd., S. 7

bekommen neben den Stimmen der Familienmitglieder natürlich auch die audiovisuellen Reize durch das Radio oder das Fernsehen mit und drehen sich automatisch in die Richtung, aus welcher Geräusche oder flackernde, sich bewegende Bilder kommen. Dennoch ist dies nur eine Reaktion, die unbewusst und nicht gerichtet stattfindet. Es benötigt, wie bereits genannt, die kognitive sozial- moralische Entwicklung, damit junge Kinder die Aufmerksamkeit zielgerichtet von Personen weg und hin zu medialen Angeboten leiten zu können. In den ersten Jahren der Kindheit geht es um die Beobachtung von nahen Verwandten beim Umgang mit technischen Geräten. Danach folgen Ertasten und Befühlen dieser. Die Nachahmung spielt in der frühen Entwicklungsphase von Kindern ebenfalls eine besondere Rolle, die sich bei der Bedienung von Medienangeboten widerspiegelt. Diese Erkenntnis zeigt wieder die Wichtigkeit der Vorbildfunktion von Eltern und Familienmitgliedern im Umgang mit Medienangeboten auf. Sie stellen eine grundlegende Unterstützung von Medienbildungsprozessen des Nachwuchses dar. Die Familie begleitet das Erlernen eines ersten Zugangs zur Medienwelt. In der späteren Entwicklung von Heranwachsenden ist das Wiedererkennen von Bildern, die in Zusammenhang mit ihrer natürlichen Umwelt stehen, ein weiterer Entwicklungsschritt. Bild und Realität werden nun dank Bilderbüchern oder anderen symbolischen Abbildungen und Medieninhalten auf elektronischen Geräten unterschieden und interessant. Es wird sogar über etwas gelernt, was vorher noch nie im echten Leben gesehen wurde, beispielsweise Tiere, die in Deutschland ausschließlich im Zoo leben (Löwe, Zebra, Tiger). Im basalen Bereich der Entwicklung von Kindern nimmt ebenso die Sprachbildung einen zusätzlich hohen

Stellenwert ein. Erste Begriffe werden gehört und nachgesprochen. Mimik und Gestik werden erlernt und nachgeahmt. Später wird auch erkannt, welche Bedeutung gesichtslose Stimmen aus verschiedenen auditiven Reizen haben. Mediale Figuren wie Bob der Baumeister oder der Sandmann werden erkannt und zu ihnen wird eine parasoziale Bindung aufgebaut. Das heißt, sie werden durch freundliches Aussehen und lustiges Auftreten gemocht und mit positiven Gefühlen verbunden. Diese Gefühle, von Positivität geprägt, eröffnen das empfänglich Sein für neue Informationen, folglich werden Lernen und Bildung mit Hilfe von Medien möglich. Außerdem wird das Hineindenken in andere Lebenswelten diskutabel. Im elementaren Bereich, sind Mädchen und Jungen in der Lage zu begreifen, dass es, entgegen ihrer unmittelbaren Wahrnehmung und Gefühlen, andere Handlungen und Motive gibt. Diese Voraussetzung dient dazu, Medien als etwas vom Menschen Gemachtes zu verstehen. Es schafft, beispielsweise den Bildschirm als Grenze zur irrealen Welt anzusehen. Kinder in diesem Alter begreifen nun auch, dass technische Geräte Dinge aufzeigen, die es in der Realität nicht gibt und erfunden sind.

Interaktive Medien wie zum Beispiel das Smartphone mit Apps, das Tablet oder interaktive Bücher („TipToi") können Kinder im elementaren Bereich bereits kennenlernen, sie zu nutzen erscheint erst in der primaren Bildung sinnvoll, wenn es um schulische Aufgabenerfüllung geht. Die Lesekompetenz spielt hierbei eine besondere Rolle. Damit Kinder technische Geräte eigenständig und sinnig bedienen können, ist es später erforderlich selbstständig zu lesen und zu verstehen. Im elementaren Bereich können Kinder einzelne Buchstaben und Zahlen zwar erfassen, aber noch keine sinnhaften Worte oder gar Sätze lesen, die es aber zum sinnvollen Gebrauch von interaktiven Medien benötigt.[30]

---

[30] vgl. Thüringer Ministerium für Bildung, Jugend und Sport (2015), S. 305-309

3. Medienarbeit im Kindergartenalltag

Für den sinnvollen Einsatz von Medien im Alltag und die Förderung der Medienkompetenz von Kindern, ist es äußerst wichtig, dass Mädchen und Jungen in ihrer unmittelbaren Umgebung auf ausgebildete Fachkräfte und themenspezialisierte Ansprechpartner zurückgreifen können. Um mit Hilfe digitaler Medien bestmögliche Bildungschancen zu erreichen, ist es notwendig, dass Erzieher*innen sich über das Thema fachlich informieren und weiterbilden. Die eigene Haltung und die gemachten Erfahrungen bezüglich Medien spielen eine wichtige Rolle dabei, die Thematik in den Alltag der Kinder einzubetten. Offen, unvoreingenommen und mit positiver Haltung gegenüber der Thematik stehend, spiegelt sich dies in verschiedenen Eigenschaften, wie die Motivation von Kindern digitale Medien in den Kindergartenalltag aufzunehmen, wieder. Aufgrund dessen wird in Kapitel drei die Signifikanz der individuellen Medienbiografie eines Einzelnen, mit der im Zusammenhang stehenden Arbeit mit Kindern verglichen. Die Betonung auf erlebte Erfahrungen und das Weitergeben von Kenntnissen über digitale Medien findet hier Erklärungen. Ob die Arbeit im pädagogischen Team zur Alltagserleichterung ebenso digitalisiert werden kann wird aufgeklärt. Ein spezieller Blick wird in diesem Kapitel auf die Biografiearbeit, Teamprozesse und Elternarbeit gelegt. In der Bildungseinrichtung Kindergarten werden Medien wahrlich nicht zur Unterhaltung eingesetzt. Medien können die Elternarbeit vielseitig unterstützen. Informationen per E-Mail sind schon längst bei den Erziehungsberechtigten angekommen, aber dies ist noch nicht das Ende der Möglichkeiten für digitale und sinnhafte Elternarbeit im Kindergarten.

3.1 Medienbiografie

Es ist äußerst wichtig die Medienbiografie von Eltern und pädagogischen Fachkräften zu erörtern, denn alle an der Erziehung von Kindern Beteiligten haben eine andere Grundlage und Wissensbasis für die Thematik. Außerdem hat jede Person Medien und deren Umgang verschiedenartig in seiner eigenen Erziehung und seinem Aufwachsen erfahren. Meistens gibt man solche eigens gemachten Erfahrungen seinen Kindern und zu Erziehenden ohne darüber nachzudenken weiter. Dennoch ist es bei der Medienbiografiearbeit wichtig, die gemachten Erfahrungen zu hinterfragen und kritisch zu reflektieren. Es sollte sich selbst die Fragen gestellt werden:

„Welche Medien gab es in meiner Kindheit?",

„Konnten mir meine Eltern einen guten Medienumgang beibringen?",

„Wie habe ich Medien und Werbung als Kind wahrgenommen?",

„Gab es Regeln und Verbote?" und noch viele mehr.

Medienerziehung findet in jeder Familie statt, denn „[...] Eltern (haben) eine Vorbildwirkung im Umgang mit Medien für Kinder [...] und die Familie (hat) durch ihre Medienausstattung Einfluss auf das Medienhandeln von Kindern [...]."[31] Einen besonderen Einfluss auf die zu Erziehenden haben obendrein die Pädagog*innen. Ebendiese

---

[31] Fleischer, Kroker und Schneider in Brandt u.a. (2018), S. 38

besitzen darüber hinaus die Möglichkeit Medien nicht nur zur Unterhaltung im Alltag der Kinder anzuwenden, sondern fernerhin für Bildungsarbeit zu nutzen. Auf Grund von Weiterbildungen für pädagogische Fachkräfte werden sie außerdem dazu angehalten. In solchen wird das Fachpersonal auf die Arbeit im alltäglichen Geschehen in Kindergärten vorbereitet. Dennoch finden dabei im Vorfeld oder einleitend kurze medienbiografische Methoden Anklang. Zunächst muss den Pädagog*innen klar sein, dass nur wenn sie selbst offen und sicher an Medienarbeit herangehen, es fernerhin bei der Arbeit mit den Kindern sinnvoll ist. Positive als auch negative persönliche Erfahrungen sollten gehört und erarbeitet werden um damit abschließen und den Kindern die Medienwelt nahe bringen zu können.

3.1.1 Medienarbeit im pädagogischen Team

In einem pädagogischen Team treffen verschiedene Personen mit unterschiedlichen Sichtweisen, Wissensständen, Erfahrungen und Kenntnissen bezüglich digitaler Medien aufeinander. Gleichermaßen weist das Kollektiv von Erzieher*innen und anderen Pädagog*innen eine weitaus hohe Altersspanne auf, die folglich unterschiedliche Mediennutzung im Alltag aufweist. Wenn Medienerziehung im Kindergarten zur prägnanten Thematik wird, stößt dies zunächst auf Abwehr. Das ist „[...] auf Kompetenz- bzw. Wissenslücken zurückzuführen."[32] „Medienerziehung in der Kindertageseinrichtung fordert immer auch Fachkompetenz."[33]

---

[32] Lepold und Ullmann (2018), S. 59
[33] Lepold und Ullmann (2018), S. 58

Ebendiese sollte über das private Bedienen und Nutzen eigener Smartphones gehen. Daher ist es wichtig, dass Kolleg*innen in ihrer Abilität vermehrt gestärkt werden, das ist die Voraussetzung für das pädagogisch wertvolle Einsetzen von Medien im Kindergartenalltag. Das Institut für Medienpädagogik in Forschung und Praxis hat Aspekte feststellen können, dass die eigenen Kompetenzen im Bildungsbereich Medien beim Fachpersonal als am niedrigsten eingestuft werden. Es reicht eben nicht aus, den Bildungsbereich zu kennen und zu wissen, was darüber im Bildungsplan geschrieben steht. Die Verknüpfung der digitalen Medien und dessen „[...] medienpädagogische Umsetzungsmöglichkeiten"[34] mit allen Bereichen des täglichen Lebens (Musik, Sprache, Mathematik) stellen eine große Herausforderung dar. Die Pädagog*innen gehen einen schmalen Grat zwischen irrealen und realen Welten und müssen beachten, dass dabei die genuinen Sinneserfahrungen einbezogen werden. Es bestehen Fortbildungsbedarf und Weiterbildungswünsche bezüglich der anspruchsvollen Thematik in den Teams. Erschwerend kommen, außer dem Standpunkt der unzureichend eingeschätzten Fachkompetenzen, noch andere Gesichtspunkte hinzu. Zum einen die Eltern, die sich eventuell gegen „das Neue" widersetzen, zum anderen ist oftmals der Träger nicht bereit, digitale Ausstattung und „zeitliche Ressourcen"[35] an Kindergärten zu stellen.[36] Dennoch gehört zu jedwedem Kindergarten der Computer oder der Laptop zur modernen

---

[34] Friedrichs-Liesenkötter in Brandt u.a. (2018), S. 54
[35] ebd., S. 55
[36] vgl. Lepold und Ullmann (2018), S. 58-59

Grundausstattung dazu. Nützlich ist dieser Aspekt im Hinblick auf die Kommunikation über Medien mit dem Team oder den Eltern. Des Weiteren können digitale und aktuellste Fachzeitschriften über den Computer, den Laptop oder das Tablet im Kindergarten gelesen werden. Den Thüringer Bildungsplan bis 18 Jahre gibt es ebenso online im Leseformat. Als weiteres nennenswertes Hilfsmittel für die öffentliche Darstellung des Kindergartens dient die eigene Website[37]. Eltern und Interessierte können diese jederzeit und an jedwedem Ort aufrufen und aktuelle Neuigkeiten verfolgen. Nicht nur das Internet ist nützlich im alltäglichen Kindergartengeschehen, sondern außerdem andere Funktionen des Computers, für welche nicht unbedingt das Internet gebraucht wird. Konzepte und Pläne sind leicht erstellbar und immer abrufbar. Veränderungen können von jedem vorgenommen werden, so bleiben pädagogische Prozesse auf dem neuesten Stand und sind für jeden nachvollziehbar. Jegliche Dokumentationsarbeit, die möglicherweise noch handschriftlich erfasst wurde, kann mithilfe der technischen Mittel vereinfacht werden. Dokumente wie Aushänge, Elternbriefe, Planungen für Feste, Protokolle, Entwicklungsberichte oder Portfolioarbeit mit darin enthaltenen Vorlagen gelingen mit dem Computer und können von jedem genutzt werden. Damit Gerätschaften langlebig sind ist auf einen pfleglichen Umgang mit diesen Einrichtungsgegenständen des Kindergartens zu achten. Verantwortlichkeiten und Rollenzuweisungen von Erzieher*innen finden hier ihren Platz. Im

---

[37] Internetauftritt eines Anbieters

Auge zu behalten sind dabei Wartung, Pflege und spezifische Updates aller Gerätschaften.[38]

Das Vorhandensein von Kommunikationsproblemen gehört zu jedem Kindergartenteam dazu. Dies geschieht meist in Übergabesituationen von Kindern oder ganzen Gruppen. Auf Grund von immer flexibler werdenden Öffnungszeiten der Einrichtungen werden eine Vielzahl von Teilzeitkräften eingestellt, welche dann als „Springer" in allen Gruppen und Altersstrukturen fungieren müssen. Erleichterung würden hier digitale Übergabeprotokolle bieten, mit denen Kinderzahlen und Besonderheiten wie Allergien oder abholberechtigte Personen schnellstens erfasst und weitergegeben werden können. Gleichermaßen könnten Beobachtungen und Auffälligkeiten der Kinder berücksichtigt werden und somit ist eine Erhöhung im Bereich Wertschätzung gegeben. In Dienstberatungen aber ebenfalls bei Fort- und Weiterbildungen können digitale Medien eingesetzt werden und Abhilfe bieten. Mitschriften oder Fotos von Flipcharts und erstellten Tafelbildern können mit Tablet oder Smartphone in Echtzeit an den Kindergarten verschickt werden und sind somit für alle Kollegen sichtbar, nutzbar und abrufbar. Die oberste Priorität ist hierbei, das Team auf den gleichen Wissensstand zu bringen.[39] Genauso gut können Weiterbildungen vermehrt als E-Learning-Programme gestaltet werden. Um dem Zukunftstrend zu folgen, geschieht immer häufiger das onlinebasierte Lernen. Es ist ein „[...] Zeichen der fortschreitenden Digitalisierung, die alle lebensweltlichen

---

[38] vgl. Lepold und Ullmann (2018), S. 62-63
[39] vgl. ebd., S. 64-65

Bereiche durchdringt und letztendlich eine Berücksichtigung digitaler Medien in jeder Form des Lernens erforderlich macht."[40]

3.2 Elternarbeit mit und über Medien

Genauso wie Kinder beim täglichen Gebrauch von Medien Regeln und Anleitung bedürfen, kommen gleichermaßen die Eltern nicht ohne einen gewissen Leitfaden umhin. „Pädagogische Fachkräfte sollten Eltern auch hinsichtlich klarer Absprachen mit Kindern zur Mediennutzung beraten."[41] Es ist wichtig, dass „[...] pädagogische Fachkräfte den Eltern deren Vorbildfunktion bewusst machen."[42] Das können sie schaffen, indem sie Aufklärungsarbeit in Elternabenden, in Gesprächen zwischen „Tür und Angel" leisten oder zu Mediennachmittagen in die Kindergruppe einladen. „Viele Eltern und auch Pädagogen stehen dem Thema (Medien im Kindergarten) skeptisch gegenüber. Daher ist es enorm wichtig, nicht nur die Pädagogen zu schulen und zu begleiten, sondern auch auf die Fragen und Sorgen der Eltern einzugehen."[43] Betont werden sollte hierbei, dass im Hinblick auf Medieninhalte besonders auf die Altersangemessenheit achtgegeben wird darauf, dass diese Inhalte kindgerecht sind und vermittelt werden. Gleichwohl sollen Medien nicht als Babysitter genutzt werden, sondern als Bildungsgelegenheit. Sie dürfen nicht den gesamten Alltag von

---

[40] Schmidt und Karnoll in Brandt u.a., S. 105
[41] Roboom in Medienwerkstatt für Kita und Schulkindbetreuung (2019), S. 7
[42] ebd.
[43] Bostelmann und Fink (2018), S. 25

Heranwachsenden bestimmen, aber dennoch in Ritualen Platz finden. Medienfreie Zeiten und Medienzeiten müssen festgelegt sein.[44] „Eltern sollten es vermeiden, Mediennutzung bzw. -verbot als Belohnung oder Bestrafung einzusetzen, denn so erhöht sich der Stellenwert von Medien für Kinder: Verbotenes ist immer interessant."[45]

Kommunikation und Information „Digitale Medien sind unter anderem ein Kommunikationsmedium, das Chancen für die Bildungs- und Erziehungspartnerschaft bietet."[46] Eine gute Kommunikation zwischen Erzieher*innen und Eltern führt zur guten Erziehungspartnerschaft. Bisher fand die Kommunikation zwischen beiden Parteien überwiegend persönlich statt, dahingegen läuft der Informationsaustausch zwischen Eltern und Eltern bereits über digitale Medien, hauptsächlich über das Smartphone, ab. In der Einrichtung sollte ausgelotet werden, welche Gespräche oder Informationen über Medien laufen könnten, dies muss jeder Kindergarten individuell entscheiden. Elternbriefe könnten beispielsweise per E-Mail verschickt werden, Entwicklungsgespräche oder Aufnahmegespräche können dementgegen nicht digital stattfinden. Verschiedene Anwendungen und Apps sind bereits im Umlauf, auf denen Informationen auf virtuellen schwarzen Brettern oder Pinnwänden geschrieben stehen (Kigaclick). Solche Apps sind besonders spezialisiert auf

---

[44] vgl. Roboom in Medienwerkstatt für Kita und Schulkindbetreuung (2019), S. 7
[45] ebd.
[46] Lepold und Ullmann (2018), S. 69

Angelegenheiten, welche Kindergarten betreffend. Der Vorteil ist hierbei, dass die virtuelle Kommunikation direkt ermöglicht wird und keine Zettel auf dem Heimweg oder im Rucksack verloren gehen könnten. Ein anderes Beispiel für digitalen Informationsaustausch ist der online abrufbare Speiseplan. Eltern mit zu allergischen Reaktionen neigenden Kindern, können mit Hilfe dessen alternative Speisen im Vorfeld einplanen. Des Weiteren helfen zum Download stehende Dateisammlungen wie wichtige Dokumente, Jahresplan, Terminkalender oder Übersichten über Schließzeiten und Bildungstage im vornherein dabei, zusätzliche Betreuungsmöglichkeiten zu organisieren. Eltern können den Erzieher*innen bei der Datenermittlung helfen, indem sie Angaben und Veränderungen von Adressen, Telefonnummern oder Abholberechtigungen online übermitteln. Anderssprachigen Eltern ist mit den Möglichkeiten der Digitalisierung des Kindergartens ebenso geholfen. Mit Hilfe von Übersetzungstools können sie sich wichtige Dokumente schnellstmöglich übersetzen lassen. Jedoch muss sichergestellt sein, dass jedwede Informationen alle Eltern, ob mit oder ohne technisches Endgerät, erreichen. Wenn dies nicht der Fall sein sollte, müssen andere Alternativen angeboten werden. Es können beispielsweise Ausdrucke für Eltern ohne digitale Medien bereitgestellt werden oder ein digitaler Briefkasten (Tablet) wird im Eingangsbereich des Kindergartens eingerichtet. Ein weiterer und nennenswerter Vorteil für digitale Informationsübermittlung ist, dass Eltern mitverantwortlich sind, sich alle wichtigen Belange einzuholen. Im Tagesablauf gibt es manchmal Stresssituationen (Kind weint oder stürzt, Anhäufung vieler Personen in Abhol- oder Bringzeit, themenabweichende Fragen), in denen es vorkommt, dass die Übermittlung wichtiger Auskünfte vergessen wird. Mit

Hilfe virtueller Pinnwände können diese nachträglich und in Ruhe getätigt werden.[47]

Um Informationen bezüglich der neuen Thematik Medien im Kindergarten zu erhalten, können sich Eltern die Auskünfte bei den pädagogischen Fachkräften einholen. Dennoch ist es möglich, dass Eltern zwar Interesse am Thema haben, aber unsicher bei der Umsetzung sind. Gleichermaßen könnte es sein, dass den Erziehungsberechtigten die Pädagog*innen als fachliche Ansprechpartner nicht ausreichen oder diese nicht genügend anerkannt werden. Eltern benötigen Informationen, was der Kindergarten mit dem Thema bezwecken will und wie ausgewählte Medien eingesetzt werden sollen. Sie sollen verstehen, dass Pädagog*innen die Medien nicht zum Konsumieren im Alltag, sondern als Bildungsgelegenheit benutzen. Wie oben genannt sollen Erzieher*innen Aufklärungsarbeit leisten, das heißt Wissen vermitteln, wie Medien auch zu Hause sinnvoll genutzt werden können.

Beteiligung Die Mitwirkung von Eltern im Kindergarten findet zwar statt, ist dennoch immer ausbaufähig. Mit digitalen Medien kann sogar von zu Hause aus mitgearbeitet werden. Die Portfolioarbeit hat im Kindergarten einen festen Platz eingenommen. Erzieher*innen gestalten mit den Heranwachsenden zusammen jede einzelne Seite. Manchmal gibt es ein Portfolioblatt mit nach Hause, zum Ausfüllen für Eltern und Kind. Die Mitwirkung an einem digitalen Portfolio lässt viel mehr Spielraum zu als bisher gewohnt. Es kann von zu Hause aus über das Internet darin gestöbert werden,

---

[47] vgl. Lepold und Ullmann (2018), S. 69-72

eigene Einträge sind gestaltbar und die Lebenswelt der Familie wird mehr mit einbezogen und kreativ ausstaffiert. Diese Methode erleichtert gleichermaßen den Austausch mit den Eltern und den Kindern, da es viel mehr Anknüpfungspunkte bietet. Für Erziehungsberechtigte ohne Endgerät sollten andere Alternativen für die Portfoliogestaltung angeboten werden. Hilfe von den Eltern ist in Bezug auf Digitalisierung des Kindergartens ein wichtiger Punkt. Medienaffine Eltern können bei der Anschaffung von Geräten, die Einrichtung von WLAN oder einem Kinderbüro mit ihren technischen Kenntnissen oder ausgesonderten technischen Geräten wie Computer, Bildschirm, Handy, Tastatur oder Maus vielseitig unterstützen. Genauso gut im Elternbeirat, um Skeptiker von der Wichtigkeit der Thematik zu überzeugen. Mitwirkende Eltern können Vorteile und Nachteile auf Elternebene gegenüberstellen.[48]

Öffentlichkeitsarbeit Bevor ein Kind den Kindergarten besucht, findet bereits der erste Kontakt von Eltern vor der Aufnahme des Kindes statt. Dies geschieht überwiegend unbeobachtet, denn Erziehungsberechtigte informieren sich über freie Kindergartenplätze, im Umfeld gelegene Einrichtungen sowie über Öffnungszeiten und das gelebte Konzept übers Internet. Die Website eines Kindergartens ist somit ein zentraler Baustein für die Öffentlichkeitsarbeit. Mögliche Voranmeldungen oder Kontaktformulare für Fragen stehen online abrufbar bereit. Ein ansprechender Internetauftritt führt zu Sicherheit und einem anfänglichen Vertrauensgefühl. Dies reicht aber nicht aus um sich

---

[48] vgl. Lepold und Ullmann (2018), S. 73-74

für den einen Kindergarten, den das Kind besuchen soll, zu entscheiden. Eltern brauchen den persönlichen Eindruck von pädagogischen Fachkräften und ihrer Arbeitsweise, genauso wie einen ersten Einblick in die Räumlichkeiten und Beschaffenheit eines Kindergartens, sowie in alle Räumlichkeiten und die allgemeine Atmosphäre.[49] Ein gutes „Bauchgefühl kann sich (nämlich) nicht digital entwickeln, sondern nur im persönlichen Kontakt."[50]

---

[49] vgl. Lepold und Ullmann (2018), S. 73
[50] ebd.

4. Medienaneignung und Medienkompetenz

Im folgenden Kapitel wird erläutert, wie die Medienarbeit im Kindergarten erfolgreich implementiert werden kann. Gute Vorbereitung ist dafür äußerst wichtig und gleichermaßen die schrittweise Einführung in dieses neue Themenfeld. Damit der Einsatz digitaler Medien pädagogisch sinnvoll ist, gibt es wichtige Punkte, die beachtet werden sollten. Im Hinblick auf die Beantwortung der Bachelorthesis wird in diesem Kapitel die Sinnhaftigkeit und Integration von digitalen Medien in den Alltag der Kinder belegt und mit Beispielen veranschaulicht, denn „Technik allein schafft noch keine Pädagogik."[51]

4.1 Vier Stationen der Medienaneignung

Wie in den vorangegangenen Kapiteln dieser Bachelorarbeit bereits erläutert, findet Medienaneignung im frühen Kindesalter statt. Vorlieben für Musik, Fernsehsendungen oder Computerspiele der Eltern und der Geschwister werden nach der Geburt in der Lebenswelt der Kinder bedeutsam.

„Medienaneignung umfasst generell

- die selektiven, mentalen, kommunikativen und eigentätigen Akte der Realisierung der Angebote und Tätigkeitsoptionen der Medienwelt,
- deren Interpretation vor dem Hintergrund persönlicher und sozialer Lebensbedingungen sowie,

---

[51] Palme (2016) in Lepold und Ullmann (2018), S. 112

- deren subjektiv variierende und aktiv variierte Integration in die eigenen Lebensvollzüge."[52]

Nachfolgend werden auf Grund dessen vier Stationen der Medienaneignung näher beschrieben, dies ist vergleichend und vertiefend mit dem Kapitel 2.2 „Medienbegriff im Thüringer Bildungsplan bis 18 Jahre", 2.3 „Digitale Lebenswelten von Kindern" und 2.4 „Medienbildung in der frühkindlichen Entwicklung" dieser Bachelorarbeit anzusehen.

Erste Station: Medien registrieren und Medienverhalten imitieren

Anfangs werden akustische und optische Reize von Säuglingen wahrgenommen. Dies geschieht vorgeburtlich und besonders nach der Geburt eines Kindes. Kleinstkinder drehen ihren Kopf in die Richtung, aus der starke Reize perzipiert werden (zum Beispiel Fernsehbildschirm, Computer oder Handydisplay). Die Bedeutung der ersten und meist noch unbewussten Medienkontakte ist noch nicht ausreichend erforscht worden. Im Kleinkindalter werden Medien als Gegenstände wahrgenommen, die ertastet, gefühlt, geschmeckt und getestet werden. Das Verhalten mit Medien wird beginnend von nahen Bezugspersonen nachgeahmt.[53]

Zweite Station: Medienangebote entdecken Im Übergang vom Klein- zum Kindergartenkind werden Medieninhalte und Funktionen zunehmend mehr entdeckt. Meist werden Medienangebote als Geschichtenerzähler und als Quelle von relevantem Wissen angesehen. Mit kindgerechten und leicht bedienbaren Markt-

---

[52] Theunert in von Gross u.a. (2015), S. 138-139
[53] vgl. Theunert in von Gross u.a. (2015), S. 140

angeboten werden Kinder beim selbstständigen Bedienen von technischen Geräten frühzeitig unterstützt. Ein gewisses Medienverständnis formt sich aus und Botschaften können nach und nach entschlüsselt werden. Allmählich können Heranwachsende zwischen real und irreal unterscheiden. Gewaltszenen beispielsweise werden von Vorschulkindern als erfunden eingestuft. Bezugspersonen sind in dieser Station für die Aufarbeitung des Erlebten da und zur Unterstützung in neuen Sphären der Medienwelt. In dieser Phase beziehungsweise in diesem Alter sind gezielte Prozesse der Weltaneignung für Mädchen und Jungen möglich.[54]

Dritte Station: Medienangebote in den Alltag integrieren In dieser Phase der Aneignung werden Medien immer mehr als Quelle der Wissenserweiterung wahrgenommen. Mit Thematiken wie Alltagsfragen, Problemlagen und Vorbildern beschäftigen sich die Kinder zunehmend selbstständig. Medieninhalte werden verglichen mit der eigenen Lebenswelt von Kindern, die digitale Medien nutzen. Informationen werden hinterfragt und nicht einfach unüberlegt übernommen. Heranwachsende lehnen die medialen Anregungen an ihre eignen Erfahrungen und die Wirklichkeit an. Medien haben in dieser dritten Station einen erheblichen Einfluss auf die Identitätsbildung von Mädchen und Jungen. Figuren, Zeichnungen und Helden/Heldinnen aus verschiedenen Fernsehsendungen stellen Kinder im Vorschulalter sich selbst gegenüber. Sie vergleichen sich mit den abstrakten Figuren und wollen herausfinden, ob sie diverse Eigenschaften übernehmen

---

[54] vgl. ebd. (2015), S.140-141

können. Fernerhin wird dies im Grundschulalter vertieft. Vor klischeehaften Geschichten sind Heranwachsende aus allen, aber vorzugsweise aus bildungsmäßig benachteiligten Milieus nicht wegzudenken. Im Vorschulalter benötigen Kinder bei der Nutzung solcher Medienangebote dennoch viel Unterstützung, da sie noch keine oder wenige Schreib- und Lesefähigkeiten besitzen. Trotz dieser Barriere erkennen sie sehr schnell bestimmte, wiederkehrende Symboliken und verbinden sie mit der dahintersteckenden Bedeutung. Im fortschreitenden Grundschulalter ist vor allem bei den Jungen zu beobachten, dass die Vorliebe für Computerspiele mehr wird. Gleichermaßen rücken bei Mädchen und Jungen die sozialen Netzwerke in den Vordergrund.[55]

Vierte Station: Vernetzte Medienwelt ausloten und in Besitz nehmen Soziale Netzwerke sind nun fester Bestandteil der Medienwelt von Kindern und Jugendlichen. Die medialen Inhalte werden oft und fast täglich genutzt. Alles wird erkundet und genauestens begutachtet. Vor allem das Internet und actionreiche Unterhaltung werden von Heranwachsenden in Besitz genommen. Vorsichtig sollte hierbei bezüglich extremistischer Inhalte oder anderer unerwünschte, unzumutbarer Informationen gehandelt werden. In alltäglichen Kommunikationsplattformen für Kinder und Jugendliche lauern oft Gefahren wie beispielsweise Belästigungen, Mobbing, Kollisionen mit Rechten und Gesetzen bis hin zu Zwängen oder gar Süchten. Die Medienwelt wird im Jugendalter zum Sozialraum, vergleichbar mit einem Lebensraum. Medienbasiertes

---

[55] vgl. Theunert in von Gross u.a. (2015), S141-143

Handeln wird in alle Lebensvollzüge integriert und immer alltäglicher. Die Identitätsbildung spielt hierbei wieder eine besonders große Rolle bei Selbstdarstellung, Positionierung, Informationsgewinnung Diskurs und Partizipation. Außermediale Gegebenheiten rücken in den Hintergrund. Die komplexen Prozesse der Medienaneignung sind bis zum Ende der Kindheit nicht vollständig ausgeformt. Die Bedingungen des Aufwachsens in der Gesellschaft sind gleichermaßen die Bedingungen, in der Medienaneignungsprozesse stattfinden und von denen sie ausgerichtet werden.[56]

Für die Bachelorthesis rücken in diesem Kapitel die erste, zweite und dritte Station der Medienaneignung in den Vordergrund. In der vierten Station geht es eher um ältere Kinder im Jugendalter. Dennoch ist es nötig und wichtig, Heranwachsende durch die drei ersten Stationen zu begleiten und zu unterstützen, damit die Vorteile in der vierten Station überwiegen. Hier ist es nämlich äußerst leicht, in Süchte oder Zwänge abzurutschen, wenn nicht vorher Regeln und Normen von Medien erlernt werden. Gleichermaßen ist es fernerhin möglich, in dieser Phase den Bezug zur realen Welt zu verlieren und sich nur noch mit der irrealen Welt zu identifizieren. Damit dies nicht geschieht, sind Vorbilder, Eltern und andere Begleiter und Unterstützer in der Medienaneignung besonders wichtig.

---

[56] vgl. Theunert in von Gross u.a. (2015), S. 143-145

4.2 Alltagsintegrierter und sinnvoller Einsatz digitaler Medien im Kindergarten

Ist das Thema der digitalen Medien im Kindergarten, bei allen Erzieher*innen sowie bei den Eltern angekommen, wird sich mehr und mehr damit auseinandergesetzt. Im pädagogischen Team muss über Haltung, Erwartung, Ziele, Leitlinien und das Konzept diskutiert werden. Eine Möglichkeit ist es, nach den Buchstaben von der Abkürzung „Kita" mit Schlagworten als Hilfestellung wie folgt zu arbeiten.[57]

„Konzept/Haltung/Kompetenz: Erarbeiten Sie im Team das Warum und Wie des Medieneinsatzes, setzen Sie sich mit Ihrer Haltung zum Thema auseinander, diskutieren Sie, welche Ziele Sie erreichen wollen und welche Leitlinien für den Medieneinsatz gelten sollen. Verankern Sie die Ergebnisse ihrer Überlegungen in der Konzeption Ihrer Einrichtung.

Information/Integration: Holen Sie die Eltern von Anfang an mit ins Boot durch niedrigschwellige Informationsangebote, gemeinsame Aktionen und Hospitationsmöglichkeiten.

Technik- und Materialbeschaffung: Überlegen Sie, welche Ausstattung es bereits gibt und was evtl. noch gebraucht wird. Bedenken Sie dabei: Weniger ist mehr: Technik macht noch keine Medienpädagogik! Klären Sie, wer Sie unterstützen kann, wer sich um den Support kümmert.

---

[57] Roboom (2019), S.20-21

Abläufe reflektieren: Behalten Sie immer Prozess und Produkt im Blick, bauen Sie keinen überhöhten Leistungsdruck oder Perfektionismus auf. Reflektieren Sie die Erfahrungen aus der Medienarbeit mit Kindern, Team und Eltern. Notieren Sie Tipps und Abläufe, um das erworbene medienpädagogische Wissen im Team und in der Einrichtung zu verankern."[58]

Im täglichen Einsatz der Medien mit Kindern dienen sie als Werkzeuge und Wissensquelle. Sie können, an passender Stelle, für eine Vertiefung von schon vorhandenem Wissen eingesetzt werden. Erzieher*innen sind im Kindergartenalltag dafür verantwortlich zu entscheiden, welches digitale oder analoge Medium in welchem Zusammenhang Sinn macht. Recherchen können beispielsweise im Internet, über Wissens-Apps oder mit Hilfe von Filmen stattfinden. Im Internet ist dabei Vorsicht geboten. Informationen könnten möglicherweise nicht für Kinder geeignet oder grundlegend falsch sein. Gleichermaßen sind Suchmaschinen wie „Google" oder „Bing" mit vielen Werbeanzeigen durchzogen. Daher gibt es, von Expert*innen entwickelt, geeignete Suchmaschinen für Kinder. In der Kindereinrichtung könnte man viele dieser Dienste austesten, um sich dann für eine davon zu entscheiden. Die gemeinsame Anwendung von solchen Onlinediensten ist für Kinder unter sechs Jahren wichtig, um sich darin zurechtzufinden, zu bewegen und eigene Erfahrungen zu sammeln. Diese Dienste sind meistens mit Texteingaben verbunden, sodass Kinder, die noch keine Lese- und Schreibfähigkeiten ausgebildet haben, dabei Unterstützung von Bezugspersonen benötigen. „FragFinn" (www.fragfinn.de) und

---

[58] Roboom (2019), S. 21

Blinde Kuh (www.blinde-kuh.de) sind Beispiele für kindgerechte Suchmaschinen aus dem World Wide Web.[59]

Falls sich eine Einrichtung für die Anschaffung eines Tablets entscheidet, können darauf diverse Apps zur Wissenserweiterung der Mädchen und Jungen dienen. Im „App Store"[60] beziehungsweise bei „Google Play"[61] stehen diese zum (überwiegend) kostenlosen Download[62] zur Verfügung. Um geeignete Apps für die Heranwachsenden auszusuchen bedarf es hierbei einer genauen Recherchearbeit der Beschreibung dieser. Erwachsene sollten diese einem genauen Testlauf unterziehen, damit keine plötzliche Werbung oder unangemessene Inhalte beim Bedienen erscheinen. Beispiele für Apps, mit denen Kinder ihr Wissen erweitern können, sind beispielsweise „Wiebkes Wage", „Das ist mein Körper-Anatomie für Kinder", „Astrokatz", „Barefoot Weltatlas" oder „Die Waldfibel".[63]

Abgekürzte Wissensfilme können im Kindergarten ebenfalls eingesetzt werden, um Themenfelder zu vertiefen. Diese sind zwar online kostenlos verfügbar, jedoch muss hierbei auf kindgerechte Inhalte besonders achtgegeben werden. Wie bei den Suchmaschinen gibt es Plattformen und Internetseiten für

---

[59] vgl. Lepold und Ullmann (2018), S. 80-81
[60] Digitale Plattform für den Vertrieb von Anwendungssoftware der Firma Apple
[61] Digitale Plattform für den Vertrieb von Anwendungssoftware der Firma Google
[62] Herunterladen/Empfangen von Software auf dem jeweiligen Endgerät
[63] vgl. Lepold und Ullmann (2018), S. 81-83

Videodienste wie zum Beispiel „YoutubeKids", in denen ein Filter nur Filme mit kindgerechten Inhalten heraussucht. Ein Erwachsener sollte trotzdem begleitend dabei sein, um Texteingabe und passende Videos herauszusuchen. Pädagogisch wertvolle Wissensfilme sind zum Beispiel in der App „Die Maus" zu finden.[64]

Um auf die Beantwortung der Thesisfrage zurückzukommen, wurde in diesem Punkt die alltagsintegrierenden Nutzungsmöglichkeiten von digitalen Medien beschrieben. Man kann durchaus bejahen, dass digitale Medien im täglichen Einsatz zur Wissenserweiterung und- vertiefung dienen können. Um weitere praktische Beispiele und somit das Gelingen vom alltagsintegrierten Einsatz digitaler Medien im Kindergarten zu affirmieren, ist der folgende Punkt 4.2.1 erweiternd zu Punkt 4.2 anzusehen.

4.2.1 Praktische Beispiele und Anregungen

Um digitale Medien im Kindergarten zum Thema werden zu lassen, kann anfangs ein Kinderbüro eingerichtet werden. Hier können die Eltern mithelfen und ausrangierte technische Geräte wie Computer, Bildschirm, Maus, Tastatur, Telefon und Handy mitbringen. In diesem Büro können Mädchen und Jungen dann Sekretärin oder andere Rollen spielen und sich mit den Gegenständen der digitalen Lebenswelt vertraut machen.

Beginnend mit dem großen Thema der Foto- und Videografie mit Hilfe digitaler Medien, kann im Kindergarten gearbeitet werden. Es könnte eine tägliche Diashow auf einem Fernseher von Bildern des

---

[64] vgl. ebd., S.83

Monats ablaufen. Gleiches gilt für einen digitalen Bilderrahmen, falls dieser vorhanden ist. Beim Abholen und Bringen der Heranwachsenden können Eltern diese Fotos beiläufig anschauen und einen näheren Einblick in den Kindergartenalltag erhalten. Bei der gesamten Thematik über Fotos und Videos sollten Kinder diese nicht nur ansehen, sondern mitgestalten. Diese Art von der Möglichkeit des Mitgestaltens kann ins Alltagsgeschehen eingebettet werden. Jedes Kind hat mit Sicherheit schon einmal die Erfahrung gemacht, ein Foto oder Video von den eigenen Eltern aufnehmen zu dürfen. Im Kindergarten gibt es mit hoher Wahrscheinlichkeit in jeder Gruppe eine Digitalkamera, denn diese gehört zur grundlegenden Ausstattung bereits selbstverständlich dazu. Sie dient überwiegend der Gestaltung der Portfolios und wird durch Erzieher*innen bedient. In Ausnahmesituationen können Kinder damit ebenfalls Fotos aufnehmen und dies sollte zur Normalität des Alltags werden. Smartphones und Tablets sind heutzutage mit hochauflösenden Kameras ausgestattet und können meistens noch einfacher bedient werden. Ein Knopfdruck genügt und das Foto ist geschossen. Da die Bedienung sehr leicht ist, können Heranwachsende damit bestens sogar allein arbeiten.

Fotos und Videos können in der Einrichtung für vielseitige Zwecke verwendet werden. Kinder können beispielsweise Projekte und dessen Ergebnisse dokumentieren und Fotocollagen von Ausflügen oder besonderen Ereignissen für die Eltern erstellen. Bilder können digital auch verändert und bearbeitet werden. Am besten gelingt dies per Tablet und mit Hilfe von Bildbearbeitungsapps. Hierbei wird die Bedienfähigkeit des technischen Geräts geschult. Mädchen und Jungen haben bei Fotobearbeitungen Spaß und Freude. Sie lernen dabei spielerisch den Unterschied zwischen Realität und

Fiktion wahrzunehmen, sehen sich selbst als „Macher" an und bilden Medienkompetenz aus, indem sie sich bewusst darüber werden, dass sie eigenverantwortlich Medienprodukte selbst herstellen können. Verschiedene Themen können mit Hilfe von selbst aufgenommenen Fotos bearbeitet und vertieft werden, dies können alltagserleichternde Abläufe oder eigens hergestellte Spiele wie zum Beispiel Poster über oder Sticker von: Ordnung im Gruppenzimmer, Ordnung in der Garderobe, Zähne putzen, der Reihenfolge vom Anziehen, Hände waschen, Speiseplan, Gruppenmitglieder, Anwesenheitsliste, Betten- oder Schuhregale, Gefühlskarten, Daumen-Kino oder Foto-Memorys sein.

Anhand von digitalen Kunstwerken können Heranwachsende ebenso den Bezug Realität und Fiktion vertiefen, indem sie analog gemalte Bilder abfotografieren und diese über eine App weiter gestalten können. In allen bisher genannten Möglichkeiten der Umsetzung digitaler Medien im Kindergartenalltag ist der Dialog begleitend zum Prozess und Ergebnis äußerst wichtig anzusehen. Die Kunstwerke, Spiele, Collagen und andere Ergebnisse mit Medien lassen sich dialogisieren. Erzieher*innen können hierbei durch Gespräche und Kommunikation mit den Mädchen und Jungen in Kontakt treten und diesen vertiefen. Gleichermaßen erlernen die Kinder neue Wörter und Sprachkenntnisse im Zusammenhang mit Medien und dessen Medienprodukten. Sie schulen ihre Ausdrucksfähigkeit, Grammatik und freies Sprechen, wenn sie Ergebnisse zeigen und vorstellen. Sie gewinnen an Selbstvertrauen und nehmen sich selbst als eigenständig handelnde Person im Gruppengeschehen wahr und lernen, dass sie für sich selbst und ihre Umwelt wichtig sind.

Im Umgang mit den technischen Neuerungen werden sie geschult. Sie lernen das Wischen, Tippen und Schieben mit den Fingern auf dem Touchscreen und erfahren, welche neuen Möglichkeiten sich auftun können. Ein digitales Mikroskop hilft Heranwachsenden beim Forschen und Entdecken. Kinder sind neugierig und gern draußen in der Natur. Dort entdecken sie Pflanzen, Blätter, Bäume, Steine oder Insekten. Manche davon kennen sie bereits, einige sind neu für Mädchen und Jungen. Mit einem Mikroskop, das sie auf Spaziergängen immer dabeihaben (per App auf dem Tablet) können sie ihre Umwelt noch genauer entdecken als mit dem bloßen Auge. Die Erforschung der Welt kann somit unterstützt werden. Es wäre außerdem mit diesem Werkzeug möglich, ein Puzzle zu erstellen. Von mikroskopierten Entdeckungen können Fotos gemacht werden und zusammen mit der passenden Großaufnahme als eine Art Naturpuzzle gestaltet werden. Das Mikroskop kann nicht nur für Ausflüge und Entdeckungen auf Spaziergängen benutzt werden, sondern ebenfalls für andere Themen und Dinge, die Kinder schon immer mal von Nahem betrachten wollen (zum Beispiel die Haut, Haare, Fingernägel, Spielzeug, Zahnbürste, Nahrungsmittel wie Salz, Zucker oder Mehl, Regentropfen).

Das analoge Medium „Buch" ist seit jeher in Kindergärten nicht mehr wegzudenken. Dieses wird im digitalen Zeitalter zunehmend durch interaktive und digitale Bilderbücher ergänzt. Diese können nicht nur vorgelesen werden, sondern regen zum Mitmachen an. Verschiedene Funktionen und vertiefende Nutzungsmöglichkeiten finden sich darin. So ist es nicht nur möglich, eine Geschichte kennenzulernen, sondern das Thema in dieser erweiternd zu entdecken, beispielsweise durch Zählen und Rechnen. Dennoch steht die Sprachförderung beim Einsatz eines digitalen Buches weiterhin an oberster Stelle. Mit verschiedenen Erzähler- und Sprecherstimmen, die das Kind selbst hinzu- oder abschalten kann, wird auf verschiedene Sprachen Bezug genommen. Da mittlerweile mehr und mehr Heranwachsende aus verschiedenen Kulturen und Ländern den Kindergarten besuchen und manche wenig Deutschkenntnisse besitzen, hilft ein solches interaktives Buch mit mehreren Sprachen dabei, an das Kind heranzutreten. Gleichermaßen unterstützt es die Kommunikation zwischen Erzieher*innen und Kindern. Dies gilt nicht nur für Mädchen und Jungen anderssprachiger Herkunft, sondern auch für Kinder mit Beeinträchtigungen der Sprach- und Ausdrucksfähigkeit.

Die Ausbildung der Literacy-Kompetenz wird gleichwohl mit der kreativen, digitalen Buchgestaltung ausgebildet. Dies ist als Erweiterung der Herstellung von Collagen oder Plakaten nach einer Expedition oder einem Projekt zu betrachten. Kinder können eigene Bilderbücher erstellen und bearbeiten. Vorschulkinder haben daran großen Spaß und verfolgen diese Beschäftigung bereits auf analogem Weg und zwar mit selbst gemalten Bildern und ausgedachten Geschichten. Nun kann dies alles gleichermaßen digital stattfinden und mit Fotos und Musik ergänzt werden. Der Fantasie und Kreativität sind keine Grenzen gesetzt. Im Fokus steht auch hier die Sprachförderung und der Dialog zwischen Pädagog*innen und Kindern.

Die Gestaltung mit Fotos und digitalen Bilderbüchern kann sowohl im Alltag, als auch in Projekten im Kindergarten stattfinden. Gleichermaßen gilt dies für Filme und Videos. Die Bedienung ist dieselbe wie bei Fotoaufnahmen, sodass Kindergartenkinder dies ebenfalls schnell verstehen und nachahmen können. Mit der

Erweiterung dieser Funktionen können zum Beispiel eigene Filme gedreht werden. Ein Imagefilm der Einrichtung auf der Website, trägt zur Öffentlichkeitsarbeit bei. Andere Filme wie zum Beispiel selbst gemachte Trickfilme, Theaterstücke oder Handpuppenfilme können Kinder selbstständig gestalten. Diese können in Elternabenden oder Kinopremieren gezeigt werden. Des Weiteren besteht die Möglichkeit einer Verfilmung von Aufführungen für Eltern oder die ganze Familie, die im Kindergarten stattfinden (Zuckertütenfest, Sommerfest, Oma/Opa-Tag). Technisch versierte Eltern können hier mithelfen, indem sie Technik zur Verfügung stellen oder die Aufführungen aus dem Publikum heraus filmen. Diese Art von alltagsintegrierter Medienarbeit trägt zur aktiven Gestaltung eigener Medienprodukte bei. Der Umgang mit technischen Geräten und verschiedenen Videobearbeitungsprogrammen wie Apps wird trainiert. Fantasie und Planungskompetenz fördern die Heranwachsenden beim Geschichten Ausdenken und Überlegungen treffen. Sie müssen zusammenarbeiten und gemeinsam entscheiden, welche Puppen, Materialien oder Requisiten gebraucht werden und welcher Text gesprochen werden soll. Szenen können hierbei erstmal analog und später digital gemalt werden. Beim Theaterspiel schulen Kinder ihre Sprach- und Spielfähigkeit. Sie lernen sich auszudrücken, Texte auswendig und frei zu sprechen, das Reden vor der gesamten Gruppe und das Hineinversetzen in andere Rollen. Die schwierige Bedienung von Videobearbeitungsapps sollten Erwachsene begleiten. Größere Kinder können nach mehrmaligen Wiederholungen solche Apps sogar selbst bedienen.

Vorschulkinder können sich des Weiteren an sogenannten Programmier-Werkzeugen ausprobieren. Problemlösefähigkeiten werden hier besonders geschult. Mädchen und Jungen können lernen Roboter oder Maschinen zu steuern. Logisches, analytisches und vorausschauendes Denken wird ebenfalls besonders gefördert. Gemeinsam überlegen die Kinder Befehle und wie sie diese in kleinste Schritte teilen können. Die Überlegungen können aufgeschrieben oder aufgemalt und in „Codes" verschlüsselt werden. Die Befehlsausübung muss getestet werden. Kinder beobachten dabei und filtern Fehler heraus. Danach muss der Code optimiert werden um nach mehrmaligen Testläufen zu prüfen, ob die Befehlsabfolge stimmig ist. So lernen sie, dass Fehler nicht negativ sind, sondern aus ihnen gelernt und verbessert werden kann. Gleichermaßen erkennen sie schrittweise Abläufe und können diese in logische Reihenfolge bringen. Programmieren ist als Projekt und für ältere Kinder geeignet, weil dafür Extras wie Apps, Spiele, Bausteine oder kleine Roboter gekauft werden können. Diese Art von Medienarbeit findet größtenteils in Begleitung von Erwachsenen statt. Um mit diesem praktischen Beispiel positive Effekte zu erzielen, ist es wichtig, dies nicht an den Anfang der Einführung von digitalen Medien zu stellen, sondern erst zum Ende hin. Aufgrund dessen, dass für Programmier-Werkzeuge die digitalen Medien längst kennengelernt sein müssen und ein sicherer Umgang automatisiert ist.[65]

Zusätzlich zu Fotos, Videos und anderen Werkzeugen sind bei Mädchen und Jungen im Kindergarten Hörspiele äußerst beliebt. Geschichten, Märchen, Erzählungen und Hörspiele zu Kinofilmen sind besonders in den Alltag von Kindern integriert. Zu Hause wird

---

[65] vgl. Lepold und Ullmann (2019), S.80-90

vor dem schlafen Gehen vorgelesen oder eine Hörspiel-CD eingelegt. Das Zuhören ist nämlich eine wichtige Kompetenz im sozialen Miteinander und in der Förderung von Sprachfähigkeit. Hören ist außerdem eine Voraussetzung der phonologischen Bewusstheit und Grundlage für den Erwerb der Schriftsprache. Dies ist mittlerweile zu einem Ritual geworden, wie in den meisten Kindergärten ebenso. Hier wird die Geschichte oftmals vor dem Mittagsschlaf als Beginn der Ruhezeit gewählt. Mit Hilfe der digitalen Medien kann ein solches Hörspiel sogar selbst aufgenommen werden. Die Vorgehensweise ähnelt der von den Filmaufnahmen. Eine Geschichte kann zunächst ausgedacht, gemalt und gemeinsam besprochen werden. Die Stimmaufnahmen oder Geräusche, Musik und andere Effekte werden über ein Mikrofon eingesprochen und per App bearbeitet. Das Sprechen in ein Mikrofon animiert und unterstützt bei der Kommunikationsfähigkeit von Mädchen und Jungen. Für solche Aufnahmen ist es wichtig, dass Kinder dabei sehr leise und aufmerksam sind. Damit es keine unerwünschten Nebengeräusche in der Aufnahme gibt, gilt es dafür einen ruhigen Ort auszusuchen. Gleichermaßen müssen sie gegenseitig Rücksicht nehmen, um die Aufnahmen der anderen Kinder nicht zu stören. So können Kinder ihr eigenes Hörspiel produzieren und später anhören. Wird es auf CD gebrannt, kann jedes Gruppenmitglied eine eigene mit nach Hause nehmen und gemeinsam beim Abendritual anhören.

Das Mikrofon bietet weitere Varianten, um mit digitalen Medien und Aufnahmegeräten zu arbeiten. Dieses Utensil ist die Grundlage für Interviews, Vorträge, Radio- und Musiksendungen und andere Darbietungen. Kinder können im Rollenspiel Nachrichtensprecher*innen, Sänger*innen oder Reporter*innen sein. Für die spielerische Darbietung nutzen sie meist Alltagsgegenstände wie eine Haarbürste oder defekte Mikrofone. Im Tablet ist das Aufnahmegerät bereits integriert und somit tragbar. Ein externes Mikrofon kann zusätzlich angeschlossen werden, wenn die Qualität der Aufnahmen verbessert werden soll. Mit Hilfe dieses technischen Geräts in Verbindung mit dem digitalen Medium des Aufnahmegeräts können nicht nur Hörspiele aufgenommen werden, sondern auch Geräusche und Klänge. Somit kann ein Geräuscherätsel hergestellt werden. Töne und Klänge finden sich im Kindergarten viele, beispielsweise die Toilettenspülung, ein quietschender Stuhl, die Mikrowelle oder Türklingeln. Mit einigen Kindern der Gruppe kann auf Geräuschjagd gegangen werden und mit der Funktion der Aufnahme die Klänge digital aufgenommen werden. Die restlichen Gruppenmitglieder können dann die Geräusche erraten. Es gibt viele Varianten von solch einem Spiel. Es könnte gleichermaßen erraten werden wo das Geräusch herkommt, wer es gemacht hat oder wo es aufgenommen wurde. Dies kann außerdem mit entsprechenden Fotos erweitert werden. Geräusche können gleichermaßen selbst produziert werden. Entweder mit Alltagsgegenständen aus dem Kindergarten oder mit Hilfe von Instrumenten. Dabei erproben sie, wie Töne künstlich erzeugt werden können und woran manche erinnern. Hier ist Fantasie, Kreativität und gutes Zuhören gefragt. Die Mädchen und Jungen können im Kindergarten Gegenstände sammeln, die Geräusche machen. Des Weiteren ist es möglich, Geräuschquellen draußen zu suchen und aufzunehmen. Dies könnte zum Beispiel das vorbeifahrende Auto, der hupende Bus, Schritte, Vogelzwitschern oder prasselnder Regen sein.[66]

Eine weitere Möglichkeit bietet zum Beispiel „Tommi", ein deutscher „Kindersoftwarepreis". Gesucht werden gute Digitalkonzepte für den Kindergarten, die für andere Einrichtungen vorbildhaft sind. In Zusammenarbeit mit dem Medienpädagogen Professor Doktor Stefan Aufenanger der Universität Mainz und der Auerbach Stiftung werden Kindergärten gesucht, die bereits erprobte und praxistaugliche Konzepte bezüglich der Thematik digitaler Medien durchführen. Es kann sich online angemeldet und dafür beworben werden (www.kindersoftwarepreis.de). Ausgewählte Gewinner erhalten einen Preis, mit dem sie alltagsintegrierte Medienbildung weiter unterstützen können. In dieser Möglichkeit lässt sich überdies erkennen, dass die Arbeit mit digitalen Medien im Kindergarten erwünscht und gefördert wird.

4.3   Medienkompetenzförderung

„Kompetent mit Medien umzugehen ist [...] eine unverzichtbare Ressource des menschlichen Handelns, je größer der gesellschaftliche Einfluss der Medien im Alltag wird."[67] Daher ist es wichtig, dass Heranwachsende in der frühen Kindheit bereits damit konfrontiert werden. Sie sollten verschiedene Kompetenzen im Bereich digitaler Medien frühzeitig und mit Unterstützung von Erwachsenen ausbilden, um sich im späteren Leben und innerhalb

---

[66] vgl. Roboom in Medienwerkstatt für Kita und Schulkindbetreuung (2019), S. 29-34
[67] Moser (2019), S.196

der schnellen Entwicklung der Gesellschaft zurechtfinden zu können. Es sollte klar sein, dass „[...] der Umgang mit Medien nicht risikolos (ist); aber Angst und bewahrpädagogische Maßnahmen [...] ein schlechter pädagogischer Ratgeber [...]."[68] Die Ausbildung von Medienkompetenz hat das Ziel, Kinder „[...] zu einer verantwortungsvollen, (selbst-)kritischen Haltung mit und gegenüber Medien (zu befähigen."[69] Kompetenzen sind keine vererbbaren Verhaltensweisen, sie müssen erst erlernt werden. „Baacke (1996) teilt den Erwerb von Medienkompetenz in vier Bereiche ein: Medienkunde, Mediennutzung, Medienkritik und Mediengestaltung."[70] Mit dem Begriff Medienkunde ist das Wissen über Medien gemeint. Dazu gehörig sind zwei Dimensionen: die Informiertheit über das Mediensystem über die Monopolisierung im Medienmarkt und eine instrumentell-qualifikatorische Fähigkeit entsprechende Geräte bedienen zu können.[71] „Medienkunde und Mediennutzung sind untrennbar miteinander verbunden"[72], denn „[...] ein Mensch muss fähig sein, die Medien kennenzulernen und sie zu nutzen."[73] Bei der Nutzung von Medien geht es darum, dass Heranwachsende das Wissen über Medien anwenden. Sie werden zu kompetenten Nutzern von Medienbotschaften, dazu gehört die interaktive Nutzung, die über den bloßen Gebrauch von Medien hinausgeht, indem der Benutzer im Zusammenhang mit der

---

[68] ebd., S. 197
[69] Lepold und Ullmann (2019), S.33
[70] ebd., S. 34
[71] vgl. Moser (2019), S.196
[72] Lepold und Ullmann (2019), S.34
[73] ebd.

Kommunikation gleichermaßen Anbieter von Medienbotschaften ist.[74] Die Mediengestaltung bezieht sich auf aktive, innovative und kreative Aktivitäten wie beispielsweise die Gestaltung von Video oder Fotoprojekten im Zusammenhang mit Zeitungen oder digitalen Ausstellungen. Innerhalb des Mediensystems ist hierbei die selbstständige Gestaltung gemeint, in welche bestehenden Angebote verändert und entwickelt werden können. Im letzten Bereich der Medienkritik wird davon ausgegangen, dass Kinder fähig sind, sich analytisch, ethisch und reflexiv mit Medien auseinanderzusetzen. Eigenes Wissen und Handeln über und mit Medien soll auf sich selbst bezogen und reflektiert werden.[75] Die Medienkritik als ein wichtiger Bestandteil in der Ausbildung von Medienkompetenz wird in dieser Bachelorarbeit im nächsten Punkt näher beleuchtet. Die Ausbildung von Medienkompetenz ist also eine „[...] Ressource, die von Erziehung und Schule aufgegriffen und vertieft werden muss, wenn Kinder und Jugendliche in der aktuellen und zukünftigen Gesellschaft handlungsfähig bleiben wollen."[76] „Den Erwerb von Medienkompetenz sieht Theunert als Wechselspiel von gezielter Förderung und selbsttätiger Kompetenzerweiterung in Bildungsprozessen durch, mit und über Medien."[77]

---

[74] vgl. Moser (2019), S. 196
[75] vgl. Moser (2019), S. 196
[76] ebd.
[77] Lepold und Ullmann (2019), S. 34

4.3.1 Medienkompetenz als Bestandteil der Medienkritik

Eine kritische und überdenkende Sichtweise ist eine äußerst wichtige Medienkompetenz, die es von klein auf zu erlernen gilt. In unserer Gesellschaft wird verlangt, sich selbst themenspezifisches Metawissen wie adäquates Handeln, Denken und Urteilen anzueignen. Es ist wichtig, dass Mädchen und Jungen die generative Kompetenz zur Medienkritik erlernen. Medienangebote spiegeln nicht nur positive Aspekte wider, sondern enthalten demgegenüber ideologische, gewaltsame, ironische oder tendenziöse Inhalte. Im Kindergarten sollte bereits auf die sozial-moralische Urteilsfähigkeit gegenüber medialen Angeboten eingegangen werden, sodass sich ein Kind, in fortschreitender Entwicklung zum Jugendlichen, die Folgen seines eigenen Medienhandelns bewusst wird. Gleichermaßen soll ein Heranwachsender nicht nur das eigene Handeln kritisch reflektieren können, sondern das von Anderen genauso gut überdenken, um damit für sich selbst Schlussfolgerungen daraus ziehen können. Zurzeit differieren bestimmte Wertmaßstäbe miteinander. Es geht hierbei um Differenzen von Alters-, Milieu- und ethnischer Sichtweise. Mediale Inhalte sind geprägt von bestimmen Werten, Normen und Moralvorstellungen. Diese werden entweder vollends akzeptiert oder abgelehnt, da Medien zu immer extremeren Formaten tendieren. Mediale Akzeptanzkriterien müssen demnach abstrakter konstruiert werden. Ein Kriterium stellt hierbei die altersabhängige Medienkritik dar. Die Fähigkeit der reflexiven Beurteilung und kultur- beziehungsweise milieuabhängige Voraussetzungen tragen dazu bei, dass Medieninhalte nach eigenen Maßstäben so einschätzbar sind, um sie abzulehnen oder anzunehmen. Solche

Wertmaßstäbe werden im Sozialisations- und Entwicklungsprozess eines Kindes ausgebildet. Medien leisten dazu einen besonderen Beitrag, gleichzusetzen mit dem von den Erwachsenen, Verwandten, Geschwistern und Freunden. Im Großen und Ganzen kann man folglich sagen, dass Medien mit Moralvorstellungen, Gewaltverherrlichung, irrealen Welten, kindlichen Sympathisanten mit negativen Eigenschaften, Werbung und Angsterzeugung spielen und somit einen erheblichen Einfluss auf die kindliche Entwicklung und Identitätsbildung nehmen. Wie genau und wie erheblich sich dieser Trend auswirkt, ist noch nicht erkennbar, damit rückt die Bedeutung von Medienkritik mehr und mehr in den Mittelpunkt und sollte in der Medienpädagogik nicht außer Acht gelassen werden.[78]

4.4 Sicherheitsaspekte

Im Tagesablauf und im Kindergarten selbst wird Sicherheit großgeschrieben. Dies gilt demnach auch für den Einsatz digitaler Medien. Gefahren lauern im Internet viele, daher gilt es, Kinder zu Hause und im Kindergarten davor zu schützen. Die Einrichtung von Schutzmaßnahmen soll dabei helfen, den pädagogischen Auftrag zu erfüllen und nicht etwa den Mädchen und Jungen etwas vorzuenthalten oder sie gar zu überwachen. Es gilt außerdem „[...] die Persönlichkeitsrechte der Kinder sowie der Mitarbeiterinnen

---

[78] vgl. Ganguin und Sander in von Gross u.a. (2015), S. 233- 235

und Mitarbeiter zu wahren und deren Daten vor unerlaubten Zugriffen zu schützen."[79]

4.4.1 Geräte und Anwendungen

Als Erstes gilt es, digitale Medien vor äußeren Einflüssen wie vor dem Herunterfallen zu schützen. Es bedarf ein Repertoire an Schutzeinrichtungen, um die Langlebigkeit zu wahren. Dies könnten zum Beispiel eine Schutzhülle und ein spezieller Aufbewahrungsort für Tablets, Smartphones und andere Geräte sein. Somit wird es vor Stoß- oder Wasserschäden geschützt. Dafür könnte im Kindergarten eine pädagogische Fachkraft beauftragt werden. Meistens wird diese dann „Sicherheitsbeauftragte" genannt. Diese Bezeichnung gibt es in Kindergärten häufig, bisher zählte darunter die allgemeine Unfallverhütung. Eine Beauftragung könnte speziell für digitale Medien eingerichtet werden. Technische Geräte können außerdem mit verschiedenen Einstellungen für Kinder gesichert werden. Es gibt die Möglichkeit der Erstellung einer Nutzeroberfläche, die speziell nur für Kinder gedacht ist. Diese nennt sich Kinderprofil. Daneben können auch weitere Profile, wie das der Eltern, existieren. Auf dem Kinderprofil befinden sich nur von Eltern oder Erzieher*innen ausgewählte Apps, Anwendungen und Inhalte, die kindgerecht und pädagogisch wertvoll sind. Virenscanner und andere Schutzsoftware sollte heutzutage auf jedwedem Endgerät installiert sein, diese gibt es meist kostenlos im App-Store oder bei Google Play zum Herunterladen. Tablets und Smartphone besitzen oftmals die Einstellungsmöglichkeit der Nutzungsdauer. So kann

---

[79] Lepold und Ullmann (2019), S.139

zum Beispiel eingestellt werden, in welchem Zeitraum das Tablet eingeschaltet ist, um ein Übermaß der Verwendung von Apps zu vermeiden. Der Zugang zu Internetseiten oder bestimmten Apps kann mit Kinderprofilen ebenfalls begrenzt werden. Neue Apps können beispielsweise nur im Elternprofil heruntergeladen werden, sodass keine unerwünschten Anwendungen den Weg auf das Endgerät finden und damit einhergehende versteckte Kosten. Eine weitere Funktion bietet Kindern die Möglichkeit nur eine App zu benutzen, sodass es nicht passieren kann, dass Mädchen und Jungen ausversehen mit einem ungewollten Knopfdruck die App beenden. Um sichere Apps und Anwendungen zu gewährleisten sind Eltern und Erzieher*innen verantwortlich. Sie müssen sich vorab informieren und ausprobieren, ob die jeweilige Anwendung sinnvoll ist. Die leichte Bedienbarkeit sollte geprüft werden, damit Kinder Apps eigenständig verwenden können. Gleichermaßen sollten diese auf Werbefreiheit getestet werden. Es kann durchaus vorkommen, dass Werbung Inhalte zeigen, die für Heranwachsende ungeeignet sind (Gewaltszenen). Kostenlose Apps finanzieren sich meistens nur durch Werbeanzeigen, die oftmals erst nach einer bestimmten Nutzungsdauer erscheinen. Daher ist die Installation von Anwendungen nicht schnell vollzogen sondern benötigt Zeit um die Tauglichkeit für Kinder zu testen.[80]

4.4.2 Datenschutz

In gleicher Weise ist die Thematik des Datenschutzes in der Arbeit mit Medien im Kindergarten äußerst signifikant. Der Schutz von

---

[80] vgl. Lepold und Ullmann (2019), S.139-141

Heranwachsenden ist eine Aufgabe der Einrichtung aber gleichermaßen die der Eltern. Diese sollten von vornherein einbezogen und informiert werden. Foto-und Videoaufnahmen gehen mit persönlichen Daten einher, die geschützt werden müssen. Mit einer Unterschrift bestätigen Eltern schriftlich, dass Fotos und Filme vom eigenen Kind gemacht oder nicht gemacht werden dürfen. Gleichfalls gibt es die Möglichkeit, weitere Einschränkungen auf spezielle Vordrucke einzutragen. Es wäre beispielsweise möglich zu bestimmen, ob Fotos des einzelnen Kindes oder nur Fotos mit mehreren Kindern abgebildet gemacht werden dürfen. Außerdem kann entschieden werden, ob Bilder vom eigenen Kind in den Portfolios von anderen Kindern erscheinen dürfen. Ebenfalls kann die Veröffentlichung von Bildern in Zeitungen oder auf Internetseiten wie der Website des Kindergartens eingeschränkt werden. Pädagog*innen sind mit etwas Schriftlichem daher auf der sicheren Seite. Dennoch gilt es, dass sich die Einrichtung nicht nur bei den Eltern, sondern auch rechtlich absichert. Dies muss geschehen, sobald persönliche Daten gespeichert, verbreitet und veröffentlicht werden. Um sensibel mit allen Daten umzugehen, müssen ebenso die der Mitarbeiter*innen geschützt werden. Einverständniserklärungen der pädagogischen Fachkräfte braucht es, wenn diese ebenfalls auf Fotos oder Videos zu sehen sind. Innerhalb von Apps und Anwendungen sollte darauf geachtet werden, woher diese kommen (Deutschland oder andere Länder), wo Daten gespeichert werden, welche Zugriffe diese App benötigt und wie auf gespeicherte Daten zugegriffen werden kann, falls das technische Gerät kaputt geht. Im Allgemeinen ist zu klären, wer überhaupt Zugriff auf das Gerät hat und wodurch man es vor fremder Benutzung schützen kann. Dies gelingt zum Beispiel durch die Eingabe von Zahlencodes, Passwörtern, Muster, Fingerabdrücke oder mittels der Face-ID (Gesichter Erkennung).[81]

4.4.3 Kommunikation über WhatsApp

Die Anwendung „WhatsApp" ist ein Sofortnachrichtendienst und kann auf Smartphones installiert werden. Vergleichbar ist diese App mit der früheren „SMS", die längst überholt ist. WhatsApp funktioniert nur mit einer Internetverbindung und der Herausgabe der eigenen Handynummer. Damit können nicht nur Nachrichten, sondern Bilder, Videos, animierte Smylies, Musik und Dokumente übermittelt werden. Beliebt ist gleichermaßen die Videotelefonie und das Versenden von Sprachnachrichten. Nahezu in Echtzeit kann mit dieser App kommuniziert werden. Chatten ist mit einzelnen oder mehreren Personen möglich. Dies nutzen im privaten Bereich auch viele Eltern. In sogenannten Gruppenchats tauschen sie sich untereinander aus. In diesen kann die gesamte Gruppe Nachrichten und Dateien von allen Gruppenmitgliedern empfangen. Es geschieht immer häufiger, dass zwischen dem Kindergarten und der Elternschaft über die Kommunikationsplattform WhatsApp ein reger Informationsaustausch stattfindet. Einerseits eine gute Sache für schnelle Übermittlung wichtiger Inhalte. Andererseits ist diese Möglichkeit der Kommunikation kritisch zu betrachten. Die Anwendung WhatsApp gehört zur Facebook-Unternehmensgruppe und wer den Sofortnachrichtendienst benutzt, der stimmt gleichwohl dafür zu, dass die eigenen Daten an das Unternehmen

---

[81] vgl. Lepold und Ullmann (2019), S. 141-142 & Busemann, Marc (2016), S. 21-23

weitergegeben werden. Mit der Herausgabe der Handynummer kann WhatsApp auf die gesamten Kontakte zugreifen. Benutzer können so sehen, wer in ihren Kontakten auch diese Anwendung benutzt und darüber erreichbar ist. Theoretisch bräuchte jeder private Nutzer von WhatsApp die Einverständniserklärung dafür, dass seine Daten weitergegeben werden dürfen. Ist dies nicht der Fall, kann der Benutzer eigentlich verklagt werden. Im Kontext vom Kindergarten, welcher ein Unternehmen darstellt, herrschen viel strengere Regeln, den Datenschutzgesetzen betreffend. Ist eine pädagogische Fachkraft in einer Elterngruppe, so hat diese alle Handynummern jedweder Elternteile und umgekehrt. Dabei spielt es keine Rolle, ob man seine private Nummer allen Eltern geben will oder nicht. Wird man in eine Gruppe eingeladen passiert dies automatisch. Geht die Nutzung von dieser Anwendung nicht von einem Smartphone des Kindergartens aus, so müssen folglich die Erzieher*innen ihre Daten preisgeben. Damit sind sie zu jedweder Tageszeit, eben auch nach und vor der Öffnungszeit des Kindergartens, für Eltern erreichbar. Aus professioneller Sicht ist dieser Aspekt kritisch zu betrachten. Eine Vermischung von Beruf und Privatleben sollte tunlichst vermieden werden. Es können schnell Gefahren lauern wie zum Beispiel das Weiterleiten von Falschinformationen und das Falschverstehen von geschriebenen Aussagen oder versendeten Bildern. Außerdem ist für das professionelle Handeln zwar die Elternebene wichtig, dennoch sollte dies nicht mit privatem vermischt werden. Jeder hat außerhalb der Arbeitszeit ein Anrecht auf eigene Freizeitgestaltung und möchte die Arbeit nicht über das Smartphone mit nach Hause nehmen. Ebenso kann es passieren, dass Eltern unbewusst Erzieher*innen unter Druck setzen, indem diese sich fühlen, als wären sie vierundzwanzig Stunden pro Tag zur Informationsweitergabe verpflichtet. Durch diese schnelle Kommunikationsmöglichkeit und ein eventuelle vertippen könnte es geschehen, das Inhalte in falsche Hände beziehungsweise auf falsche Smartphones gelangen. Damit ist die Sicherheit persönlicher Daten und der Schutz vor Fremdweitergabe nicht mehr gewährleistet. Dennoch ist diese Entwicklung solcher Elterngruppen wichtig und zeigt auf, dass ein schneller und einfacher Austausch zwischen Eltern und Kindergarten eine wichtige Thematik darstellt. Es müssen digitale Lösungen für dieses kritisch zu sehende Phänomen gesucht werden. Einige Kommunikationsplattformen, die sicheren Datenaustausch gewährleisten, gibt es bereits.[82] (siehe dazu auch Punkt 3.2 Elternarbeit mit und über Medien – Kommunikation und Information)

---

[82] vgl. Lepold und Ullmann (2019), S. 70-71

5. Medienkritik

Die Welt der Medien ist in der aktuellen und äußerst schnelllebigen Weltgeschichte unserer Gesellschaft nicht mehr wegzudenken. Andere Länder wie beispielsweise China werden immer fortschrittlicher, was dies angeht. Wie in der Einleitung dieser Bachelorarbeit beschrieben, finden dort bereits Experimente beziehungsweise Versuche mit Robotern als Erzieher*innen in Kindergärten statt. In Deutschland ist dies noch nicht der Fall, es wird dennoch trotzdem immer mehr Möglichkeiten geben, unseren beruflichen Alltag und den der Mädchen und Jungen, weiterhin fortlaufend zu digitalisieren. Viele Befürworter und Forschungen von Instituten und Universitäten ziehen positive Aspekte aus dieser Entwicklung heraus. Dennoch dürfen die von digitalen Medien ausgehenden Gefahren nicht außer Acht gelassen werden. Nicht nur Eltern und pädagogische Fachkräfte kritisieren die immer zunehmende Digitalisierung von allem und treten dem eher skeptisch dem gegenüber, sondern auch Forscher*innen und andere Expert*innen. Im fünften Kapitel soll es deshalb um den kritischen Blick auf die Medien und deren Einfluss auf Kinder und Erwachsene gehen. Gleichermaßen werden Gefahren aufgezeigt, die bei einer unangemessenen Nutzung von digitalen Medien auftreten können.

5.1 Bedeutung

Medienkritik ist „[...] ein Instrument zur Aufdeckung und Analyse von problematischen medialen Handlungskontexten und Kommunikationsstrukturen in der Lebenswelt der Kinder und

Jugendlichen."[83] Gleichermaßen fungiert sie „[...] im Sinne einer Diagnose medienpädagogischer Probleme und Aufgabenstellungen [...]."[84] Außerdem liefert Medienkritik „[...] Kriterien für die Konzeptualisierung, Erprobung und Evaluation medienpädagogischer Programme und Maßnahmen, um ein ganzheitliches Aufwachsen zu unterstützen."[85] Die Medienkritik wird „[...] immer dann bedeutsam, wenn eine neue Generation von Medien in die Alltagswelt der Kinder und Jugendlichen eingebrochen ist."[86] Aus pädagogischer Perspektive wird es „[...] künftig vor allem um eine Kritik der medialen Orientierungs-, Erfahrungs- und Handlungsmöglichkeiten und eine kritische Abschätzung möglicher Folgen des Medienhandelns für die Entwicklungs-, Lern- und Bildungsprozesse der Heranwachsenden (geben)."[87] „[...] (S)eit die neuen Medien und Kommunikationstechniken überall verfügbar und schon für die Kleinsten zugänglich und handhabbar sind, muss sich diese Kritik medialer Handlungskontexte ausdifferenzieren und sowohl die verschiedenen Altersstufen (Ganguin, Sander 2007) und Lebensbereiche z.B. benachteiligte Milieus (Niesyto 2010), als auch das Zusammenspiel realer und virtueller Handlungskontexte einbeziehen (Spanhel 2017)."[88]

---

[83] Spanhel in Niesyto und Moser (2018), S. 110
[84] ebd.
[85] ebd.
[86] ebd., S. 109
[87] Spanhel in Niesyto und Moser (2018), S.110
[88] ebd.

5.2 Dimensionen von Medienkritik

In der Medienkritik, die eine der wichtigen Säulen von Medienpädagogik darstellt, gibt es fünf Dimensionen. In diesen wird beschrieben, was Kinder in den einzelnen Gesichtspunkten lernen sollten, um Medienkompetenz und Kritikfähigkeit auszubilden. Die erste ist das kritische Wahrnehmen von Medien. Hierbei wird die Raum-, Zeit- und Sinnesempfindung in den Blick genommen. Kinder sollen Inhalte, Strukturen und Wirkungen von Medien wahrnehmen, erkennen und durchschauen lernen. Gleichermaßen gilt es eine Überanstrengung durch Medienrezeption zu vermeiden. Jüngere Mädchen und Jungen können diese Dimension nur mit Hilfe von Erwachsenen erlernen. Die beschriebene Vorbildwirkung tritt hier wieder zutage. Die zweite Dimension ist gekennzeichnet durch eine Decodierungsfähigkeit. Das heißt, dass Heranwachsende erlernen sollen, wie Medien und dessen Sprache entschlüsselt werden kann. Metaphern, Sinnbilder und Symbole sind von der realistischen Welt zu unterscheiden. Mädchen und Jungen sollen beispielsweise inszenierte Gewalt erkennen können und wissen, dass einige Darstellungen im echten Leben so gar nicht stattfinden können. In der Dimension der Analysefähigkeit geht es darum, dass Kinder geeignete Medienangebote wahrnehmen sollen, um diese ausreichend und ihrem Wissens- und Entwicklungsstand entsprechend zu verstehen. Hier sind vor allem wieder die Erwachsenen mit daran beteiligt, nach diesen Aspekten nur ausgewählte Filme oder Sendungen den Heranwachsenden bereitzustellen. Des Weiteren finden in der Reflexionsfähigkeit Prozesse statt, die den Mädchen und Jungen einen gewissen Perspektivwechsel ermöglichen. Bei unzureichender Erfahrung mit dieser vierten Dimension kann es vorkommen, dass Kinder negative Eigenschaften von sympathisierten Figuren aus Fernsehsendungen oder Geschichten ohne zu überlegen nachahmen. Zu guter Letzt wird die Phase der Urteilsfähigkeit beschrieben. Dies bezieht sich auf die allgemeine Beurteilung von Medien und deren Inhalte. Heranwachsende müssen zukünftig gesehen für sich selbst lernen, welche Angemessenheit von medialen Angeboten ausgeht, um sich selbstständig für oder gegen etwas von den Medien Gemachten zu entscheiden. Alles in allem kann man sagen, dass die Fähigkeit der Ausbildung einer kritischen Sichtweise mit den Dimensionen zusammenhängt. Gleichermaßen auch damit, wie sich ein Kind in diesen fünf Dimensionen entwickelt und wie es dabei von Erwachsenen unterstützt wird. Eine medienkritische Haltung wird in drei Phasen gegliedert: die Aneignungsphase, die kritische Phase und die Reifungsphase. Im Arbeitsfeld Kindergarten wird auf die Aneignungsphase besonders Bezug genommen. Wie bereits beschrieben ist diese von nachahmenden Verhalten, Adaption und Imitation geprägt. Hier wird die Basis einer medienkritischen Haltung von Kindern gelegt. Die fünf genannten Dimensionen beginnen sich hier zu entfalten und im Laufe des Lebens weiterzuentwickeln. Die beiden anderen Phasen (kritische Phase und Reifungsphase) werden beginnend im Alter von circa zehn Jahren entwickelt. In der gesamten Entwicklung eines Menschen werden diese dann weiter ausgebaut und innerhalb der Phasen und Dimensionen von kritischem Denken über Medien weiter ausdifferenziert und mit eigenen Erfahrungen vertieft.[89]

---

[89] vgl. Ganguin und Sander in von Gross u.a. (2015) Seite 235-237

6. Fazit und Ausblick

Nach intensiver Recherchearbeit über das Thema digitale Medien ist die zu Anfang erwähnte Schlagzeile der badischen Zeitung (Anhang I) ebenfalls in Deutschland zukünftig gesehen nicht abwegig zu betrachten. Das anfänglich erwähnte Land China ist in Bezug auf Digitalisierung ein Vorreiter, dennoch zieht Deutschland dahingehend mehr und mehr nach. Auf dem deutschen Markt finden sich die neuesten Technologien gleichermaßen wieder. Dies kann man in der Werbung aus Funk, Fernsehen und Zeitung selbstständig beobachten, in welcher fabrikneue technische Modelle oftmals angepriesen werden. Wenn aktuell hergestellte Technik aus Deutschland kommend in verschiedenen Foren verglichen wird, ist diese meist angelehnt an bereits vorhandene Modelle und Funktionen anderer Länder, wie zum Beispiel China. Aufgrund der intensiven Beschäftigung mit der Thematik kann außerdem die Aussage getroffen werden, dass sich verändernde weltliche Technologien zu Änderungen der Gesellschaft führen. Damit kann die Aktualität des Themas begründet werden, wie in Punkt 2.1 „Medienkultur" erläutert. Dennoch ist zu nennen, dass der Begriff „moderne Medien" in der Bachelorthesis längst überholt ist. Durch anfänglich unzureichende Recherchearbeit ist diese Formulierung entstanden. Nach Ergründung vielerlei Fachliteratur ist im Punkt 2.1 „Relevante Begrifflichkeiten – Analoge und digitale Medien" erklärt, dass die Differenzierung der Begrifflichkeiten in ebendiese wissenschaftlich fundierter und aktueller ist. Aus der aufgestellten Hypothese „Wie gelingt der alltagsintegrierte Einsatz moderner Medien und die Förderung der Medienkompetenz im Kindergarten?" heraus ist die Begründung des Arbeitsbereiches zu erwähnen. Die Autorin der Bachelorarbeit ist selbst in einem Kindergarten beschäftigt und arbeitet somit täglich mit Heranwachsenden im Alter von drei bis sechs Jahren. Daher kann begründet werden, dass digitale Medien in der frühen Kindheit bereits eine große Rolle im Alltag der Mädchen und Jungen spielen. Im Alltag ist beobachtbar, dass die Kinder ihre Mottogeburtstage nach aktuell erschienenen Filmtiteln feiern. Gleichermaßen findet eine intensive Beschäftigung mit Helden des Fernsehens im freien Spiel statt. Daher und mit der getätigten Recherche im Thüringer Bildungsplan bis 18 Jahre ist die Einordnung der Bachelorthesis in das Arbeitsfeld Kindergarten und der frühen Kindheit wissenschaftlich fundiert (siehe dazu auch Punkt 2.1 „Relevante Begrifflichkeiten – Frühe Kindheit", Punkt 2.2 „Medienbegriff im Thüringer Bildungsplan" und Punkt 2.4 „Medienbildung in der frühkindlichen Entwicklung). Es ist demzufolge notwendig, den Bildungsbereich Medien des Bildungsplans in die tägliche Arbeit mit Kindern einzubeziehen. Im weiteren Verlauf der Bachelorarbeit ist erkennbar, dass die Medienbiografie von Eltern und pädagogischen Fachkräften, bei der Vermittlung von Chancen digitaler Medien einen hohen Einfluss auf das Medienhandeln für Kinder einnimmt. Erfahrungen des eigenen Aufwachsens werden an Heranwachsende übertragen, daher sind Offenheit und Sicherheit im Umgang und beim aktiven Vorleben mit digitalen Medien im Alltag als wesentliche Aspekte zu nennen. Es muss ebenfalls betont werden, dass es auf den sinnvollen Einsatz der Medienarbeit im Kindergarten ankommt. Dazu werden in Punkt 4.2 dieser Bachelorarbeit Möglichkeiten und Gegebenheiten für einen sinnhaften und alltagsintegrierten Medieneinsatz evaluiert. Es finden vielerlei praktische Beispiele und Hinweise ihren Platz,

Fazit und Ausblick

gleichfalls werden Lern- und Förderungsmöglichkeiten näher beleuchtet. Damit alltagsintegrierte Medienarbeit gelingen kann, ist außerdem notwendig, dass nicht nur die Kinder mit digitalen Medien eigene Erfahrungen machen, sondern gleichermaßen Eltern und Pädagog*innen. Digitale Medien können als Alltagserleichterung im gesamten Tagesablauf einer Einrichtung dienen. Dies ist in Gelegenheiten wie Portfolioarbeit, Website, Mitschriften bei Weiterbildungen, Dokumentationsarbeit und Aushänge umsetzbar. In Zusammenarbeit mit Eltern können digitale Medien ebenso erleichternd wirken. Bei Kommunikation, Informationsweitergabe, Beteiligungsmöglichkeiten oder dem öffentlichen Auftritt der Einrichtung dienen die in Punkt drei benannten Aspekte zur Alltagserleichterung. Um die Entwicklung der Medienkompetenz zu ermöglichen, wird in der vorliegenden Arbeit zuerst auf die Aneignung von Medien Bezug genommen. Dies verläuft in vier Stationen, in dessen die ersten Drei für das Arbeitsfeld Kindergarten besonders relevant sind. Medienkompetenz zu besitzen ist unverzichtbar, umso relevanter der mediale Einfluss im Alltag von Mädchen und Jungen ist. Damit Kinder sich zukünftig in der Schnelllebigkeit der Gesellschaft zurechtfinden, benötigen sie Bezugspersonen, die bei der Ausbildung von Medienkompetenz unterstützend einwirken. Gleichwohl aufgrund dessen, dass Kompetenzen nicht vererbt, sondern erlernt werden. Mädchen und Jungen sollen verantwortungsvoll und selbstkritisch digitalen Medien gegenübertreten. Die Autorin ist nach langer Literaturrecherche und mit Blick auf die pädagogische Praxis zu dem Ergebnis gekommen, dass die Strukturierung und der Erwerb von Medienkompetenz in den vier Bereichen nach Baacke am sinnvollsten und nachvollziehbarsten ist. Als großer Bestandteil von Medienkompetenz ist die Ausbildung eines kritischen Blickpunktes zu benennen, dies wird in Punkt 4.3.1 und 5 „Medienkritik" näher erläutert. Risiken verstecken sich ebenfalls in den Gesichtspunkten der Sicherheit im Umgang mit digitalen Medien. Es gilt Persönlichkeitsrechte nicht zu verletzen und den Datenschutz zu wahren. Medien sollten nicht zur Unterhaltung, sondern zur Wissenserweiterung im pädagogischen Alltag eingesetzt werden. Pädagogische Fachkräfte sind dazu verpflichtet, Medieninhalte genauestens zu überprüfen, damit keine versehentlichen, versteckten und für Kinder ungeeigneten Details zum Vorschein kommen.

Im Großen und Ganzen ist das Thema Medienpädagogik ein spannendes, vielseitiges, kulturträchtiges, wichtiges und entwicklungsfähiges Thema. Es ist im Alltag für Kinder von drei bis sechs Jahren auf jeden Fall einsetzbar. Es gibt dazu sehr viel und verschiedene Fachliteratur, die für Erzieher*innen verwendet werden kann. Besonders diese, die praktische Möglichkeiten und Ideen für Eltern- und Teamarbeit beinhaltet. Es ist zu erwähnen, dass die Autorin während der Arbeitsphase an der Bachelorarbeit Vergleiche mit der eigenen Praxiseinrichtung getätigt hat. Gegenwärtig wird mit digitalen Medien in der eigenen Einrichtung noch nicht besonders oft gearbeitet. Es sind zwar Digitalkameras vorhanden, aber diese dürfen (noch) nicht in Kinderhände gelangen. Gleichermaßen ist dies aus vorherigen Arbeits- und Praxisstellen beobachtbar. Die Medienarbeit und vor allem die Arbeit mit digitalen Medien wird, wie in einiger Fachliteratur ausführlich beschrieben, noch nicht beziehungsweise nur selten gelebt. Dennoch sind der Kindergarten und die Kindertagesstätte bestrebt, digitale Medien mehr und mehr in den Alltag einfließen zu lassen. Es werden Websites eingerichtet, Eltern kommunizieren überwiegend per E-Mail mit dem Kindergarten und Tablets finden den Weg in die Einrichtung. Es kann also gesagt werden, dass Pädagog*innen sich nicht gegen das „Neue" wehren, sondern dass sie es auf sich zukommen lassen. In Bezug auf die Entwicklung der Welt und die Technologien kommen sie demgegenüber gar nicht umhin. Es benötigt Zeit, Wissen und fundierte Fortbildungen, um pädagogische Fachkräfte sicherer im Umgang mit digitalen Medien und dessen Möglichkeiten für Kinder werden zu lassen und sich gleichermaßen in der Vielfalt des Literaturangebots zurechtzufinden. Die besondere Auseinandersetzung mit der Thematik hat die Autorin zum Nachdenken und gleichfalls zum Ausprobieren angeregt. Einige praktische Chancen wie zum Beispiel das Geräuscherätsel und die Arbeit mit Fotos fließen bereits in die Arbeit und in den Alltag ein. Das Filmen, die Websitegestaltung und digitale Portfolioarbeit gilt es in nächster Zeit selbst auszuprobieren und zu gestalten. Aus der fundierten Literaturrecherche und dem Ausprobieren heraus kann abschließend festgestellt werden, dass der alltagsintegrierte Einsatz digitaler Medien und die dazugehörige Förderung der Medienkompetenz langsam aber sicher im Kindergartengeschehen ankommt und mehr und mehr gelingt.

Quellenverzeichnis

Bostelmann, Antje (2017). Digitale Bildung ist Gemeinschaftsaufgabe In: Textor, Martin R. (Hrsg.). Das Kita-Handbuch.
URL: https://www.kindergartenpaedagogik.de/fachartikel/bildungsbereiche-erziehungsfelder/medienerziehung-informationstechnische-bildung/2413 (12.06.2020)

Busemann, Marc (2016). Was passiert mit meinen Daten? Über Chancen und Risiken in der Digitalen Welt In: klein & groß Mein Kita-Magazin (Hrsg.) Digitale Welt. Medienbildung in der Kita. 69. Jahrgang Dezember 2016. München. S. 21-23

Deutsches Institut für Vertrauen und Sicherheit im Internet (2015). DIVSI U9-Studie Kinder in der digitalen Welt. Hamburg.
URL: https://www.divsi.de/wp-content/uploads/2015/06/U9-Studie-DIVSI-web.pdf (20.06.2020)

Bostelmann, Antje; Fink, Michael (2018). Digital Genial. Erste Schritte mit neuen Medien im Kindergarten. Berlin.

Fleischer, Sandra; Kroker, Peter; Schneider, Susanne. Medien, frühe Kindheit und

Familie In: Brandt, J. Georg; Hoffmann, Christina; Kaulbach, Manfred; Schmidt, Thomas (Hrsg.) (2018). Frühe Kindheit und Medien. Aspekte der Medienkompetenzförderung in der Kita. Opladen, Berlin & Toronto. S.35-49

Quellenverzeichnis

Friedrichs-Liesenkötter, Henrike. „Und das Handy hat sie von der Zahnfee gekriegt." – Medienerziehung in Kindertagesstätten unter dem Blickwinkel des medienerzieherischen Habitus angehender Erzieher/innen In: Brandt, J. Georg; Hoffmann, Christina; Kaulbach, Manfred; Schmidt, Thomas (Hrsg.) (2018). Frühe Kindheit und Medien. Aspekte der Medienkompetenzförderung in der Kita. Opladen, Berlin & Toronto. S.53-76

Ganguin, Sonja; Sander, Uwe. Zur Entwicklung von Medienkritik In: von Gross, Friedericke; Meister, Dorothee M.; Sander, Uwe (Hrsg.) (2015). Medienpädagogik – ein Überblick. Weinheim und Basel. S. 229-246

Lepold, Marion; Ullmann, Monika (2018). Digitale Medien in der Kita. Alltagsintegrierte Medienbildung in der pädagogischen Praxis. Freiburg im Breisgau.

Moser, Heinz (2019). Einführung in die Medienpädagogik. Aufwachsen im digitalen Zeitalter. Wiesbaden Roboom, Susanne (2019). praxis kompakt: Medienwerkstatt für Kita und Schulkindbetreuung. Freiburg im Breisgau.

Roboom, Susanne (2019). Digitale Medien im Kita-Alltag. Berlin.

Schmidt, Thomas; Karnoll, Sebastian. Potenziale und Grenzen der Fort-und Weiterbildung pädagogischer Fachkräfte in Zeiten der Digitalisierung In: Brandt, J. Georg; Hoffmann, Christina; Kaulbach, Manfred; Schmidt, Thomas (Hrsg.) (2018). Frühe Kindheit und Medien. Aspekte der Medienkompetenzförderung in der Kita. Opladen, Berlin & Toronto. S.101-119

Spanhel, Dieter. Medienkritik aus pädagogischer Perspektive – Kritik der medialen Bedingungen des Aufwachsens unserer Kinder und Jugendlichen In: Niesyto, Horst; Moser, Heinz (Hrsg.) (2018). Medienkritik im digitalen Zeitalter. München. S. 109-123

Theunert, Helga. Medienaneignung und Medienkompetenz in der Kindheit In: von Gross, Friedericke; Meister, Dorothee M.; Sander, Uwe (Hrsg.) (2015). Medienpädagogik – ein Überblick. Weinheim und Basel. S. 136-163

Thüringer Ministerium für Bildung, Jugend und Sport (Hrsg.) (2015). Thüringer Bildungsplan bis 18 Jahre. Erfurt.

Anhang I

Erzieher mit blinkenden Herzaugen

Von afp

Di, 09. Oktober 2018

Panorama – Badische Zeitung

Chinesische Kindergärten setzen auf Roboter als Pädagogen / Sogar ein Mönch lässt sich in Peking durch eine Maschine ersetzen.

Keeko stellt Fragen – antworten die Kinder korrekt, dann leuchten seine Augen. Foto: AFP

PEKING (AFP). Kichernd scharen sich chinesische Kindergartenkinder um ihren Erzieher – einen 60 Zentimeter kleinen Roboter mit einem Bildschirm als Gesicht. Keeko ist schon in mehr als 600 Kindergärten in ganz China ein Erfolg, er erzählt Geschichten oder stellt die Kinder vor Logikaufgaben.

Heute sollen ihm die Kinder den Weg durch eine imaginäre Wüste weisen, indem sie quadratische Matten zu einem Pfad zusammenlegen. Das Programm zum Weg durch die imaginäre Wüste verbindet erzählerische Elemente mit dem Training von Problemlösungsstrategien. Rund und weiß rollt der armlose Maschinenmensch auf winzigen Rädern herum, seine eingebauten Kameras dienen gleichzeitig als Navigationssensoren und Frontkamera, mit denen die Kinder Videos aufnehmen können. Der Kindergarten Yiswind Institute of Multicultural Education am Rande Pekings ist einer der Testkindergärten. Sobald die Kinder eine richtige Antwort geben, reagiert Keeko mit blinkenden, herzförmigen Augen. "Erziehung ist heute keine Einbahnstraße mehr, wo der Lehrer lehrt und die Schüler nur lernen", sagt Candy Xiong, Pädagogin für Früherziehung und Trainerin bei Keeko Robot Xiamen Technology. "Wenn die Kinder Keeko mit seinem runden Kopf und Körper sehen, schließen sie ihn sofort ins Herz." Der Roboter kostet rund 1280 Euro, was in etwa dem Monatseinkommen eines Erziehers entspricht. Die Herstellerfirma hofft, mit Keeko auch in Südostasien zu expandieren. Die chinesische Regierung hat im Rahmen seines "Made in China 2025"-Planes viel Geld und Arbeitskraft in die Entwicklung künstlicher Intelligenz investiert.vNun hoffen die Hersteller von Keeko, auch Erzieher ersetzen zu können. 2017 erfand eine Gruppe von Mönchen in Peking einen rund 60 Zentimeter hohen Roboter-Mönch, der Mantras erteilt und Ratschläge für das Nirwana gibt. Ein humanoider Roboter für den Familiengebrauch ist der "iPal" – eine Art Begleiter für Kinder. Er tritt in die Fußstapfen des witzelnden "Pepper", den 2015 das japanische Unternehmen Soft-Bank auf den Markt brachte. Die Leiterin des Kindergartens, Xie Yi, glaubt, es werde noch dauern, bis Roboter in einem Klassenzimmer Menschen ersetzen: "Um zu lehren, muss man interagieren können, menschliche Züge haben, Augenkontakt und Gesichtsausdrücke. Das ist es, was Erziehung ausmacht. Es ist nicht nur die Sprache oder der Inhalt, sondern alles zusammen." Einen Vorteil hätten die Keeko-Roboter jedoch, räumt Xie ein: "Das Beste an ihnen? Sie sind emotional stabiler als Menschen."

(https://www.badische-zeitung.de/in-china-uebernehmen-auch-roboter-die-erziehung-im-kindergarten--print)